LA
GUINÉE PORTUGAISE

ET LES

POSSESSIONS FRANÇAISES VOISINES

Conférence faite le 2 avril 1889, à la Société de Géographie de Lille

PAR LE

Capitaine H. BROSSELARD,

Officier d'ordonnance du Ministre de la Marine,
Commissaire à la Commission
de délimitation des possessions franco-portugaises de la côte occidentale d'Afrique,
Membre correspondant de la Société de Géographie de Lille.

LILLE,
IMPRIMERIE L. DANEL.

1889.

SOCIÉTÉ DE GÉOGRAPHIE DE LILLE

LA GUINÉE PORTUGAISE ET LES POSSESSIONS FRANÇAISES VOISINES

Conférence faite le 2 avril 1889, à la Société de Géographie de Lille

PAR LE

Capitaine H. BROSSELARD,

Officier d'ordonnance du Ministre de la Marine,
Commissaire à la Commission
de délimitation des possessions franco-portugaises de la côte occidentale d'Afrique,
Membre correspondant de la Société de Géographie de Lille.

LILLE,
IMPRIMERIE L. DANEL.

1889.

LA

GUINÉE PORTUGAISE

ET LES

POSSESSIONS FRANÇAISES VOISINES

LA

GUINÉE PORTUGAISE

& LES POSSESSIONS FRANÇAISES VOISINES

PREMIÈRE PARTIE.

LA GUINÉE PORTUGAISE

Boulama. — Historique de Boulama. — Les Bissagos. — Origine de la création d'une colonie dans les Bissagos. — Conséquences de la création de la colonie de la Guinée portugaise. — Le Rio Cachéo et Cachéo. — Le Géba et Bissao. — Le Rio-Grande de Bolola et Boubah. — Le Cassini. — Conclusions.

C'est depuis peu d'années que le nom de Guinée Portugaise est donné au territoire qui forme enclave dans les possessions françaises des rivières du Sud du Sénégal.

Avant 1870, époque à laquelle les Portugais jetèrent les bases d'une colonie autonome, l'ensemble des territoires où s'élevaient les comptoirs qu'ils possédaient sur la côte, étaient communément appelés *Bissagos*, du nom de l'archipel sur les îles duquel ils étaient pour la plupart établis.

Avant 1870, les comptoirs des *Bissagos* étaient dépendants de l'administration des Iles du Cap-Vert ; on y envoyait un gouverneur particulier qui recevait directement des ordres du Gouverneur Général de cette colonie. Ce fonctionnaire ne disposait que de quelques subordonnés, et d'une centaine de soldats, la plupart indigènes du Cap-Vert. Les Portugais occupaient alors en Guinée : *Zighinchor*, dans la *Casamance* : *Cachéo* et *Farim*, dans le *Rio Cachéo* : *Bissao*, et *Geba* dans le *Rio Geba*. En 1870, lorsqu'ils groupèrent ces établissements en colonie autonome, le chef-lieu fut établi à Boulama.

Boulama.

Cette ville est située sur une île du même nom, dont l'étendue est de 8 milles de l'Est à l'Ouest sur 3 à 4 milles du Nord au Sud. La circonférence de l'île Boulama est de 8 à 9 lieues marines. Comme toutes celles de l'archipel des *Bissagos* dont elle fait partie, l'île de Boulama présente une riche végétation, et possède dans ses bois des essences utiles et recherchées. La base du sol est formée de cailloux siliceux ferrugineux mélangés d'une argile jaunâtre. La couche de terreau qui recouvre ce sol est épaisse de $0^{m},30$ et $0^{m},50$.

Il n'y a qu'un port à l'île de Boulam ; celui de *Beaver* à l'Est de l'île dans la baie du même nom. C'est là qu'en 1792, ont été construits les premiers établissements de la ville. L'accès de cette baie est facile ; sa tenue excellente ; l'abri y est parfait, quel que soit le vent ; toutefois, par les gros temps, à l'époque des tornades, les bateaux sont obligés de mouiller sur deux ancres. Le débarquement s'y fait sans danger, quoique la plage ne comporte aucun wharf ou appontement ; pour descendre à terre, les Européens sont obligés de débarquer à dos d'hommes. Quant aux marchandises chargées sur les navires d'un certain tonnage, il faut les transborder sur de petites embarcations qui viennent s'échouer à marée haute, et le débarquement peut alors s'effectuer à marée basse.

Au-dessus du port, la ville s'étage en amphithéâtre sur une pente douce qui descend d'un vaste plateau, jusqu'aux abords de la grève. Le quartier Européen est construit en pierre, la plupart des maisons ont deux étages et sont recouvertes en tuiles. Quand on arrive à Boulam, on aperçoit au premier plan, deux habitations plus grandes que les autres, l'une est la maison de *M. Olivier, Vicomte de Son-*

derval, un voyageur qui s'est rendu célèbre dans ces dernières années, l'autre est l'établissement de la maison *Maurel et Prom* (1). L'agent qui représentait cette grande maison de Bordeaux, pendant mon séjour à Boulam, était *M Rouzeaud*, qui remplissait les fonctions d'Agent consulaire de France, dans l'exercice desquelles il avait su en toutes circonstances, s'acquérir l'estime des fonctionnaires Portugais et la reconnaissance de nos compatriotes.

Le port, à marée haute, se trouve à dix mètres du grand établissement de la maison Maurel et Prom, mais, à marée basse, plus de deux cents mètres séparent l'eau des quais, deux cents mètres de vases durcies à force d'être piétinées, et semées aux débarquements de briques et débris, auxquels s'ajoutent les épaves des bateaux condamnés.

A droite et à gauche de la petite ville, des marigots voilés par des palétuviers, rendent le climat peu salubre.

En somme, Boulam est une langue élevée d'argile, avançant dans une couche de vases.

Le quartier indigène est construit dans la partie Nord, les maisons sont généralement bâties en pisé et n'ont qu'un étage. Elles sont recouvertes en paille, et pendant la saison sèche, la paille est enlevée par ordre de la police ; on évite ainsi les incendies. Les voyageurs nouvellement débarqués sont tout étonnés de l'aspect bizarre de ces maisons recouvertes de carcasses de toits.

Le Gouverneur est installé dans une habitation qui se signale par son aspect coquet et sa bonne tenue. Toutefois elle semble un peu modeste pour ce haut fonctionnaire.

Une chapelle pittoresque, noyée dans un berceau de feuillage, s'élève sur le plateau en haut de la ville : elle est voisine d'un hôpital de construction légère, surélevé sur des piliers. Sur ce même plateau, on a construit récemment des casernes. Elles se composent de six constructions qui entourent un espace de 150^m sur 100^m. Ces établissements militaires relativement luxueux sont en fer et en briques, ils ont été construits par une entrepise Belge pour la somme de *600.000 francs*. Ils se composent d'un rez-de-chaussée, surélevé sur des piliers. Il faudrait pour augmenter le confortable de ces habitations, construire des vérandahs extérieures.

---

(1) La maison Maurel et Prom vient de vendre récemment cet établissement au gouvernement portugais.

L'eau de Boulama est fortement chargée de parties ferrugineuses, elle est néanmoins passable quand elle a reposé quelque temps.

La population de l'île est évaluée à 3.730 habitants; elle se compose d'Européens, de métis et de noirs indigènes : les Européens sont au nombre de 150 environ; les métis sont facilement représentés par un millier d'individus; des noirs de toute origine composent le reste de la population.

La garnison de la Guinée Portugaise est de 400 hommes. A Boulam, il y a la moitié de cette troupe, composée en grande partie d'indigènes *d'Angola* et fortement encadrée de Portugais.

La ville de Boulam s'est créée, en réalité, depuis une dizaine d'années seulement. L'île où elle est construite avait déjà cependant, plusieurs siècles avant, attiré l'attention des Européens. Elle fait d'ailleurs partie d'un archipel où le succès de quelques entreprises individuelles prouve surabondamment que la région est digne du plus haut intérêt.

Les Portugais n'ont pris possession de Boulam qu'en 1870, ils ont compris dans la même municipalité (*Comelho*) les deux îles de *Boulama* et de *Gallinhas* (des Poules), qui ne sont séparées que par un canal large de 3 milles; leur production est généralement la même que celle des autres districts de La Guinée Portugaise, toutefois l'île de Gallinhas ne produit pas, comme sa voisine, la *mancarra*, article de très bonne qualité, dont il est fait une grande exportation. Dans les eaux des deux îles, les tortues sont abondantes, cette pêche est très lucrative, c'est, en effet, avec la carapace de ces animaux que l'on confectionne les objets en écail.

L'île de Gallinhas donnée par *Damaioco*, roi de *Canhabaca*, au Colonel Portugais *Joaquin Antoine de Matos*, fut cédée à la couronne du Portugal en 1830, et acceptée par une loi du 14 janvier 1831. Son étendue est de 5 milles sur 2, et sa circonférence mesure cinq lieux. Elle produit d'excellents bois et a de l'eau en abondance; sur ses rives on récolte de l'ambre; malheureusement son meilleur port n'est accessible qu'aux petites embarcations.

Le district de Boulama passe pour insalubre de juin à décembre. Les pluies commencent vers la fin de mai, et durent jusqu'à la fin de septembre; elles sont cause de l'humidité des soirées qui est fort nuisible à la santé des individus récemment débarqués. L'influence miasmatique paraît se développer immédiatement le soir, au coucher du soleil, à la tombée de la rosée, heure à laquelle l'atmosphère se refroidit. Une maladie nommée dans le pays *Carneirada* y fait de nombreux ravages, toutefois les personnes qui résistent aux premières atteintes de ce mal conservent généralement une bonne santé. La *Carneirada* ou fièvre de Boulam, comme toutes celles appelées ailleurs *fièvres d'Afrique, fièvres de Guinée, fièvres de la côte*, est très redoutée de l'Européen, à qui elle est souvent fatale. Elle est évidemment paludéenne, et dans ses symptômes généraux, se montre semblable à celles qui, dans d'autres contrées et sous d'autres climats, sont produites par les miasmes marécageux.

Les différentes phases de la fièvre sont : 1° *l'incubation* ou état préparatoire de la fièvre ; *l'invasion* qui ne permet plus de doute sur la nature du mal ; *la réaction ;* et enfin *la résolution* qui termine la maladie.

Quelle que soit la forme de la fièvre et son appellation, il semble nécessaire d'une façon générale d'employer le même mode de traitement, car on a toujours affaire aux manifestations différentes d'un mal unique.

D'ailleurs, en toutes circonstances, les causes qui prédisposent à la fièvre, quoique nombreuses, n'en sont pas moins toujours les mêmes. Parmi les plus fréquentes, on doit compter les habitudes sédentaires auxquelles beaucoup de personnes se laissent entraîner par suite de l'influence débilitante du climat. Les excès de luxure sont aussi la cause de la fièvre dans un grand nombre de cas ; surtout chez les sujets qui se livrent à l'abus des spiritueux ; aussi, la plupart des Européens qui meurent sur la côte, semblent-ils porter la peine de leurs habitudes d'intempérance.

L'épanouissement d'esprit et l'excitation physique que l'on éprouve en arrivant sur la côte d'Afrique, prédisposent à abuser des forces physiques et morales, et si l'on n'a pas la sagesse de modérer son activité comme on modère son appétit et ses passions, on s'expose également à de graves attaques de fièvre. Il faut surtout dans les premiers temps se mettre en garde contre les rayons directs du soleil, qui peuvent provoquer de violents maux de tête, enlever l'appétit et prédisposer à la débilité et à l'anémie, bientôt suivies d'accès fiévreux.

Le choix des vêtements a de l'importance pour la santé. L'irritabilité de la peau ne permet généralement pas le contact immédiat des étoffes de laine, et l'usage du coton ou de la soie semble d'un emploi préférable.

Rien ne contribue plus efficacement à la santé que les bains quotidiens ; ils calment et font disparaître les *bourbouilles*, et empêchent ces irruptions de prendre un caractère *pustuleux et même suppurant.*

Historique de Boulama.

L'Ile de Boulama fut découverte par les Portugais en 1446, et leur fut cédée par le roi de *Guinala* en 1607 ; mais ils ne profitèrent point de leurs droits acquis. Aussi, *la Compagnie du Sénégal* songea-t-elle plus tard à établir son commerce sur cette île, et même à y fonder une véritable colonie, car elle lui semblait particulièrement convenable pour une entreprise de ce genre, d'après certains rapports conservés dans les archives.

Exécuteur des volontés de la Compagnie, *Brüe* ne put occuper Boulama pendant les deux premières années de son séjour au Sénégal. Il lui avait même été impossible en 1697, de se procurer des renseignements précis sur ces régions du Sud, car il n'y avait plus auprès de lui aucun employé qui les eût jamais visitées. En 1698 seulement, il avait trouvé le moyen d'organiser une petite expédition dont le commandement fut donné au commis *Cartaing*. Celui-ci était parti le 10 janvier avec deux corvettes, pour aller préparer l'établissement que la Compagnie avait recommandé, mais la tentative n'avait pas été heureuse. Cartaing avait d'abord trouvé une première déception en arrivant à Boulam. Au lieu d'avoir seulement trois ou quatre lieues marines de circonférence, comme on le croyait, cette île en avait neuf, en sorte qu'il paraissait difficile de la protéger contre les *Bissagos*, et le commis s'était contenté de lever un plan et d'envoyer un rapport au directeur en demandant de nouveaux ordres.

En 1700 Brüe toujours directeur de la Compagnie Française du Sénégal vint à son tour visiter Boulama ; il fut vivement séduit par le bel aspect du pays, auquel des collines boisées, entrecoupées de riches prairies bien arrosées, donnent, en effet, un aspect des plus riants. L'île nourrissait déjà de beaux troupeaux de bœufs, et les éléphants habitaient encore les forêts qui s'étendent jusqu'aux rivages. Il y aurait eu également des chevaux sauvages.

Boulam séduisit donc beaucoup le directeur, qui l'explora dans tous les sens. Satisfait de sa reconnaissance, il eut la pensée de fonder une colonie véritable, (c'était pour la première fois vouloir faire sortir la Compagnie du Sénégal de son rôle purement commercial) et, après avoir terminé l'exploration de l'île, il résolut de s'en assurer la possession Il se rendit alors chez le roi des *Biafares* dont la résidence se trouvait à quelque distance de la mer sur un bras du *Rio Grande de Bolola*, et arriva au village de *Guinala* où il trouva une colonie Portugaise. Les *Hidalgos* (*fidalgues*) lui firent escorte pour se rendre à la résidence du roi située dans le voisinage. Ce petit potentat se déclara heureux de pouvoir trafiquer avec des Français, leur abandonna l'île de Boulam et ajouta qu'il serait content de les voir en chasser les Bissagos qui venaient y faire des plantations. Le rappel de Brüe mit un terme à ses projets de colonisation, et les Français ne profitèrent iamais des droits acquis par lui en 1700, droits d'ailleurs ultérieurs à ceux des Portugais.

En 1793, une expédition anglaise vint également reconnaître l'île de Boulam. Le Capitaine *Beaver* éprouva les mêmes impressions que notre compatriote ; comme lui, il fut séduit par l'aspect magnifique du pays, et l'occupation en fut résolue.

Toutefois, les Anglais en reprenant un siècle plus tard les projets de Brüe, ne surent pas appliquer le programme conçu un moment par ce grand administrateur. Imbu d'une erreur géographique que nous venons de faire cesser, et convaincu que le Rio Grande était l'estuaire d'une immense rivière ouvrant un débouché fort loin dans l'intérieur, Brüe avait pu considérer l'île de Boulam comme une position par excellence pour devenir un grand entrepôt de tous les produits de l'Europe et de l'Afrique ; mais il avait par dessus tout été séduit par la possibilité de fonder des établissements industriels et des plantations agricoles.

Aujourd'hui que nous avons pu constater la fertilité de l'Archipel des Bissagos, nous ne pouvons douter du succès qu'eût remporté le Chef de la Compagnie Sénégalaise, si on l'eût mis en situation d'accomplir son programme.

En 1793, les Anglais pouvaient encore reprendre, avec espoir de succès, les mêmes idées et le même programme ; il leur était facile en effet à cette époque, de recruter des travailleurs à bon compte ; il suffisait de retenir les esclaves au lieu de les envoyer de l'autre côté de l'Océan, et le système agricole pratiqué en Amérique était applicable à Boulam et dans les îles voisines. Aussi a-t-on lieu de s'étonner que les Anglais n'aient rien fait de sérieux.

Aujourd'hui, avec la main-d'œuvre si difficile à trouver, et si coûteuse, l'entreprise du défrichement si facile autrefois avec des esclaves, devient presqu'impossible à tenter. Aussi les essais agricoles ne sont-ils pratiqués actuellement que sur des terrains tout appropriés pour le genre de culture que l'on veut faire. Sur la plupart de ces terrains, la canne à sucre, le coton, le cacao et l'indigo réussissent très bien.

Les Bissagos.

En recherchant les causes de l'avortement de leur comptoir, on reconnaît que les Anglais ne purent réussir à s'y implanter à cause de leurs mauvaises relations avec les insulaires, et l'on est disposé à croire que la terreur qu'inspiraient les Bissagos contribua pour une large part jusqu'au milieu de ce siècle, à entraver toutes leurs tentatives de création agricole. Par suite, les seuls comptoirs qui s'établirent dans l'île de Boulam, ne furent que des escales de négriers. Cette population insulaire, vigoureuse et guerrière, leur fit subir, si l'on en croit la légende encore vivace dans le pays, de nombreux échecs. Elle parvint même, un jour, par surprise, à massacrer la garnison anglaise du port Beaver.

Insaisissables dans leurs Iles d'un accès si difficile, les Bissagos ne purent être chatiés, et ce dernier succès contribua à rabaisser prodigieusement dans leur esprit le prestige Anglais. Aussi quelque temps après, ayant eu l'occasion d'enlever un Anglais, et voulant tirer bénéfice de leur capture, pensèrent-ils pouvoir le vendre comme esclave. Mais réfléchissant qu'un esclave doit être noir, ils voulurent noircir le fils d'Albion, et n'imagèrent rien de mieux que de l'enfumer comme un jambon dans une case.

Les Bissagos sont des noirs rudes, sauvages, entreprenants, et des navigateurs intrépides. Aussi les voit-on nus dans leurs pirogues, affronter souvent la mer par les plus mauvais temps. A l'époque de la traite des nègres, ils redoublaient d'audace dans les excursions qu'ils dirigeaient sur le continent, et transformés en écumeurs de la côte, enlevaient par surprise les habitants, pour les venir vendre aux négriers.

Du temps de Brüe, ils vendaient de trois à quatre cents captifs par an; leur folle passion pour l'eau-de-vie, les poussait même à se vendre les uns les autres ; le père vendait ses enfants, et l'enfant eut au besoin amarré son père ou sa mère pour les conduire aux Européens. Toutefois, les négriers faisaient peu de cas des esclaves Bissagos ; transportés en Amérique, on ne pouvait les faire travailler qu'à force de coups; ils cherchaient toujours à s'enfuir, et finissaient par se pendre. Cette terreur que leur inspirait l'esclavage était le mobile qui leur faisait défendre l'accès de leurs îles aux Européens.

Les îles de l'archipel se présentent toutes sous un aspect des plus riants ; le rivage est couvert de sable fin, les arbres viennent baigner jusque dans la mer, les palmiers et les orangers y forment d'épaisses fôrets. Les arbres y sont toujours verts et produisent toute l'année. Les bananiers ont des fruits délicieux, et ne cessent jamais de produire. Mais si ces îles sont enchanteresses, leur accès est des plus dangereux pour le navigateur ; les rivages sont en effet bordés par d'immenses bancs de vase molle, mélée de sable, que les courants déplacent souvent, et qui imposent au navigateur une grande prudence. La navigation dans les passes et dans le voisinage même de l'archipel, est également des plus périlleuses. Les courants y sont nombreux et puissants ; sous leur action, le bateau est facilement dévié de la route qu'il veut suivre, et, même pendant le jour, il n'est pas rare qu'il ne puisse se soustraire au danger qu'il a cependant reconnu.

Dès qu'un navire est échoué, une nuée de pirogues arrivent de tous les points de l'horizon, et le pont est bientôt pris d'assaut par les Bissagos. Toutefois, les indigènes ne semblent pas en pareil cas, du moins aujourd'hui, se livrer à des actes de cruauté sur les naufragés. En 1852, l'équipage de la goëlette du commerce le *Lancier* fut même rapatrié à *Bissao*. Ce bâtiment venant de Lorient, s'était échoué sur les brisants de *Warang*. *M. de Monfort*, Conseiller Général du Sénégal, fit naufrage également dans l'archipel des Bissagos. Il fut maintenu en captivité, ainsi que les autres voyageurs et les matelots qui parvinrent avec lui à gagner la terre ferme. Mais ces infortunés furent rendus moyennant rançon.

Au mois d'octobre 1888 une goëlette de la maison *Maurel et Prom* s'étant échouée sur les bancs de *Kanabak*, une pirogue aborda le navire; elle était montée par 60 Bissagos qui prirent d'assaut le navire, le dévalisèrent complètement, mais laissèrent sain et sauf l'équipage qui put renflouer la goëlette et continuer sa route.

Origine de la création d'une colonie dans les Bissagos.

Quelles que soient les raisons qui aient mis obstacles aux bonnes dispositions des Anglais, il n'en est pas moins vrai que comme leurs prédécesseurs les Portugais et les Français, ils s'étaient fait faire en 1792, par le roi nègre du continent une cession régulière de l'île de Boulam. Les Portugais s'en émurent, et en 1828, la première cession faite en leur faveur fut ratifiée. Les Anglais crurent pouvoir insister sur la question de leur prétendu droit, et en 1868, le gouverneur de Sierra-Leone vint avec une corvette de guerre à Boulam qui relevait alors de son gouvernement.

Il n'y avait encore dans le Rio-Grande, qu'un seul poste Portugais établi à Colonia, escale devant laquelle on passe pour entrer dans la crique où se trouve le port de Boulam.

Le gouverneur Kennédy descendit à Colonia, fit abattre le mât de pavillon Portugais, et en plaça un autre avec un pavillon Anglais.

Les quelques soldats Portugais qui logeaient dans une mauvaise case en terre recouverte de paille, ne protestèrent pas. D'ailleurs, le gouverneur de Bissao, Marquez, et le chef de la douane, Barboza, se trouvaient à bord de la corvette anglaise pendant cet événement ; le colonel Kennédy leur avait fait part de son intention de s'emparer du poste de Colonia, et avait mis une embarcation à leur disposition pour aller à terre prendre les dispositions qu'ils jugeraient convenables.

Le gouverneur se constitua prisonnier, et invita le chef du poste à n'opposer aucune résistance.

La corvette après la prise de possession de Colonia, ramena M. Marquez et le directeur Barboza à Bissao où ils furent débarqués.

Sur ces entrefaites, le gouvernement Portugais ayant de nouveau protesté, un protocole fut signé à Lisbonne le 13 janvier 1868, et le Président des États-Unis (*M. Ulysse S. Grant*) fut nommé arbitre entre le Portugal et l'Angleterre. Le 21 avril 1870, il rendit une sentance arbitrale en faveur du Portugal.

Il me paraît intéressant d'en produire le texte dans cette étude, elle conclut en effet aux droits des Portugais sur Bissao, ce qui est fort contestable au point de vue historique ainsi que je l'établirai plus tard, à la propriété de l'île de Boulam et du territoire compris entre le Géba et le Rio-Grande de Bolola ce qui semble parfaitement rationnel.

Ulysse S. Grant, à tous ceux que la présente concerne salut!

En vertu d'un protocole relatif à la conférence tenue en l'hôtel des Affaires Étrangères à Lisbonne, le 13 janvier 1868, entre le Ministre d'État chargé des Affaires Étrangères de Sa Majesté Très-Fidèle le Roi de Portugal, et l'Envoyé extraordinaire et Ministre Plénipotentiaire de Sa Majesté Britannique, il a été convenu que les prétentions des Gouvernements portugais et britannique à la possession litigieuse de l'île de Boulam, située sur la côte occidentale d'Afrique, et d'une certaine portion de territoire située en terre ferme vis-à-vis l'île de Boulam, seraient soumises à l'arbitrage du Président des États-Unis d'Amérique qui aurait à trancher le litige d'une façon définitive et sans appel.

Dans les six mois précédant le présent protocole, les deux puissances intéressées avaient donc remis entre les mains de l'arbitre un rapport imprimé relatif au cas litigieux accompagé de toutes les pièces probantes à l'appui, de même que les puissances intéressées ont échangé mutuellement par l'entremise de leurs représentants respectifs à Washington, le susdit rapport et les pièces y annexées. La réponse de réfutation au rapport de chacune des deux puissances fut dans les mêmes délais remise au Président des États-Unis et communiquée à chacun des représentants des puissances intéressées.

Attendu que chacune de ces puissances s'est contentée de la production des pièces fournies sans en réclamer de nouvelles, et que leur intention formelle est de ne pas chercher de soumettre à des légistes les pièces en question, afin d'en faire la critique ou la réfutation, l'Arbitre, après avoir pris pleine et entière connaissance de tous les documents qui lui ont été soumis, et après les avoir soumis à son tour à l'appréciation et au jugement d'une personne compétente, a décidé ce qui suit : Tout ce qui suit est avéré et prouvé, savoir :

L'île de Bolama y compris le territoire adjacent a été découverte par un navigateur portugais en 1446. Bien avant 1792, les Portugais possédaient des établissements à Bissao sur la rivière Geba, et ils n'ont pas cessé d'etre en possession ininterrompue de ces points. Vers l'an 1679, les Portugais fondèrent un établissement à Guinala sur le Rio-Grande et en 1778 on y trouvait un village habité exclusivement par des Portugais qui, de temps immémorial y vivaient de père en fils. Toute l'étendue de côte, de Bissao à Guinala, après avoir traversé le Rio Geba, comprend la rive en terre ferme située vis à-vis de l'île de Bolama, et ladite île est limitrophe de la terre ferme, en telle sorte qu'à marée basse, les animaux domestiques et autres peuvent passer d'une rive à l'autre.

En l'an 1752, le Portugal a mis en avant ses prétentions formelles à la possession de l'île de Boulam et les a toujours affirmées depuis lors; antérieurement à 1792, l'île n'était pas inhabitée quoique non occupée militairement, puisque l'on peut prouver que les naturels en occupaient une petite partie de la Côte Occidentale pour la mettre en culture.

Les prétentions britanniques ne reposent que sur une prétendue convention passée avec différents chefs indigènes en 1792, époque à laquelle la Souveraineté du Portugal était déjà établie sur la terre ferme et sur l'île de Bolama ; cette dernière puissance n'a jamais renoncé à ses droits, puisque même de nos jours, elle occupe cette île à l'aide d'une colonie de 700 personnes, et quoique le Gouvernement britannique ait depuis 1792 essayé de fortifier ses prétentions par d'autres cessions territoriales consenties par des chefs indigènes, le gouvernement portugais n'a jamais voulu reconnaître tout acte tendant à justifier ou fortifier les prétentions anglaises.

Les preuves évidences et assertions ci-dessus étant suffisantes et concluantes, Moi, Ulysse S. Grant, Président des États-Unis d'Amérique, reconnais et affirme que les droits du Roi de Portugal sur l'île de Boulam et certaines portions de territoire faisant face à cette île, sont établis et prouvés, en foi de quoi j'ai signé le présent protocole en y faisant apposer le grand Sceau des États-Unis.

Fait en triplicata à Washington, le 21 avril de l'an de grâce 1870, la 94e année de l'Indépendance des États-Unis.

Signé : « ULYSSE S. GRANT. »

Signature certifiée conforme par le Secrétaire d'État,

Signé : « HAMILTON FISH. »

Sur ces entrefaites, le Gouverneur Général du Cap-Vert se rendit le 30 septembre 1870 à Boulama. et prit solennellement possession de l'île le 1er octobre, en observant toutefois les égards dus aux occupants.

L'arbitrage du président Grant ne fut pour les Anglais qu'une porte de sortie, et qu'un moyen d'abandonner l'Ile de Boulam avec les honneurs.

Ils s'étaient aperçus que l'Ile de Boulam, quoique occupant une situation prépondérante dans l'archipel des Bissagos, ne pouvait constituer qu'une grosse charge à la puissance qui ne possédait pas le Rio-Grande, et dans cette rivière par suite de l'intervention du gouverneur Faidherbe, ils n'avaient pu réussir à faire prévaloir leurs prétentions.

La prise de possession de Boulam ouvre une ère nouvelle dans l'histoire des comptoirs des Bissagos. C'est, en effet, après cet événement que les Portugais résolurent de constituer une colonie autonome.

Il fallait choisir le Chef-lieu de cette nouvelle possession. La ville de Bissao par sa situation, son commerce et sa création de vieille date semblait toute désignée. Mais séduits encore par l'aspect de l'île de Boulam, par son climat réputé plus sain, et confiants peut être dans cette vieille erreur qui existait encore avant l'expédition récente des Commissions de Délimitation, et qui consistait à croire l'île de Boulam située au débouché d'un grand fleuve de l'intérieur, les Portugais décidèrent d'établir le Chef-lieu de la Colonie à Boulam.

Conséquences de la création de la Colonie de la Guinée Portugaise.

En quelques années deux millions furent dépensés pour la création des casernes, hôpitaux et autres établissements publics et l'achat d'une canonnière à vapeur. Mais en même temps, pour créer des ressources, on établissait des droits de douane, des impôts municipaux, des licences, des impôts fonciers, et enfin un ruineux impôt sur la terre dit impôt prédial rural. Ce dernier arrêta les tentatives agricoles qui avaient lieu de différents côtés. Grâce à l'initiative des grandes maisons de commerce, elles commençaient en effet à donner des résultats satisfaisants. On cultivait avec succès le ricin qui vient partout également bien dans les îles Bissagos et sur le continent. La maison *Blanchard* qui essayait industriellement cette exploitation, dut renoncer à ses premiers essais, et la machine à décortiquer qu'elle a installée dans son bel établissement de *Bambaïa* reste aujourd'hui inutilisée. Les produits obtenus donnaient cependant des résultats inespérés, car ils étaient supérieurs à la semence venue du jardin d'acclimatation d'Alger.

La culture de la canne à sucre fut également abandonnée. Celle-ci semblait beaucoup promettre. Elle réussissait bien mieux qu'aux îles du Cap-Vert et à Madère, car le même pied qui doit être repiqué tous les deux ans dans ces îles, produisait aux Bissagos pendant cinq années consécutives.

Il y a 10 à 12 ans, la culture de *l'arachide* prit un grand développement dans la Guinée, et Boulam lui dut principalement sa prospérité d'un moment. L'impôt foncier établi en 1880 a ruiné également cette culture, et la récolte n'est plus aujourd'hui que la 1/20 partie de ce qu'elle était avant 1880.

La crise agricole fut complète, elle fut bientôt suivie de la crise commerciale, tout particulièrement préjudiciable aux intérêts français. Six grandes maisons françaises se partageaint en effet presque tout le commerce de la Guinée Portugaise. Ces maisons étaient les suivantes :

Blanchard et Cie de Marseille.
J.-B. Pastré et Cie de Marseille.
Maurel et H. Prom de Bordeaux.
Gustave Thiraiziot de Marseille.
Meinet frères de Marseille.
Œshner de Conning du Havre.

Elles étaient seules à avoir le monopole de l'exploitation, et les maisons portugaises n'étaient que les auxiliaires des maisons françaises.

L'importation, sauf le tabac qui venait d'Amérique, était essentiellement européenne.

Voici quelle était la proportion des provenances européennes :

Angleterre	2/6
Belgique	3/4/6
France	2/6
Allemagne	1/2/6
Amérique	1/4/6
Divers	1/2/6

Aujourd'hui l'importation est en diminution, et l'exportation ne se dirige plus exclusivement sur Marseille, depuis qu'une ligne de vapeurs Portugais exploitée par une Compagnie Anglo-Portugaise dessert la Guinée. Grâce également à ce service régulier, les commerçants portugais peuvent s'alimenter directement à la métropole. Il semble donc, à première vue, qu'il leur est devenu facile de faire concurrence au commerce français, car ils sont protégés par les droits douaniers et municipaux. Il n'en est rien cependant, ces commerçants n'ont pas un crédit suffisant pour acheter les marchandises de traite qui ne se livrent que par grandes quantités, et se payent à courte échéance : aussi, continuent-ils encore à faire les 2/3 de leur négoce avec les maisons françaises, et comme les marchandises sont imposées elles trouvent difficilement acheteur.

Les droits existant actuellement sont les suivants :

1° Droits de Douane. Augmentées de 3/100 pour les travaux publics, et de 10/100 pour les fonctionnaires, calculés sur leur montant tant à l'importation qu'à l'exportation.

2° Impôts municipaux. Augmentés comme les précédents.

3° Impôt foncier sur les immeubles dit décime Prédial. 6000 francs pour chaque maison de commerce. A la ville 10/100 sur le rapport estimatif de l'immeuble diminué de 5/100 pour les réparations supposées, plus droit de Timbre de 2/100.

A la campagne 5/100 sur le rapport estimatif de l'immeuble diminué de 5 % pour les réparations supposées plus droit de timbre de 2/100.

4° Impôt foncier sur les loyers, dit Renda de Casas. A la ville 10/100 sur le dixième de la valeur locative plus 2/100 de droit de timbre. A la campagne 5/100 sur le dixième de la valeur locative plus 2/100 de droit de timbre.

5° Impôts sur billets protestés et enregistrés, dit imposto de juros 10/100 sur l'intérêt calculé de 5/100 en capital plus 2/100 de timbre.

6° Impôt sur l'Agriculture, dit décime industriel. A la ville 10/100 sur le bénéfice supposé de l'industrie exercée ou sur les rentes ou revenus, plus 2/100 du timbre. A la campagne 5/100 sur le bénéfice supposé de l'industrie exercée ou sur les rentes ou revenus, plus 2/100 de timbre.

7° Impôt sur l'Agriculture dit décime prédial rural 5/100 sur le rapport supposé de la propriété agricole plus 2/100 de timbre. Ce dernier impôt est calculé à 5/100 net de la valeur locale du produit.

L'examen de cette longue nomenclature d'impôts variés, permet d'apprécier le préjudice causé aux maisons françaises qui représentent le commerce de la Guinée Portugaise. Elles s'étaient établies il y a une quarantaine d'années pour bénéficier de la neutralité du sol qui existait alors, en 18 années les droits introduits progressivement ont plus que centuplé, et les bénéfices sont taxés dans la proportion de 20/0 alors que dans nos rivières voisines, la taxe ne dépasse pas 7/0.

Aussi, ne faut-il pas s'étonner de la diminution rapide constatée dans les opérations commerciales :

Avant 1884, en effet, quand le commerce luttait encore, il entrait dans la Guinée de 20 à 25 navires de 450 à 500 tonneaux environ. Tous avaient retour sur Marseille, avec leur plein chargement en marchandises : amandes, cires, caoutchouc, etc (1). Un ou deux navires seulement faisaient l'exportation des cuirs en Amérique.

En 1885, l'exportation, qui dépassait deux millions de francs, diminua de 1/3. Il ne parut plus en Guinée que huit ou dix navires de haut bord.

Généralement ce sont des navires Italiens qui fréquentent la Guinée, on y voit aussi des navires *Grecs*, car, quoique le commerce soit exclusivement Français ou Portugais, toutes les nations y sont représentées, et la *Turquie* elle-même y fait voir son pavillon.

---

(1) La Guinée Portugaise exportait alors :

Arachides	7.000.000 kilog.	
Amandes de Palme	1.750 000 »	
Cuirs séchés	112.000 »	(35.000 peaux).
Caoutchouc	65.000 »	
Cire nette	30.000 »	(1.400 pains).
Gomme Copal	15.000 »	
Purghère	20.000 »	
Ivoire	750 »	
Toulomcouna	50.000 »	
Huile de Palme	18.000 »	
Ricin ?		
Canne à sucre ?		
Huile de Cola ?		
Encens ?		
Sels alcalins ?		
Ambre du Géba ?		
Riz de Gambie ?		
	9.060.750 kilog.	

Cette exportation, d'environ 10,000 tonnes, représentait plus de deux millions de francs. Avec un peu de sécurité, la production doublerait, principalement, celle des produits riches : Amandes. — Cire. — Cuirs. — Caoutchouc. — Arachides.

Le frêt d'Europe varie de 48 à 55 fr., et porte ordinairement sur le retour, mais il est concédé, gratis de frêt, généralement 100 à 200 tonneaux de marchandises pour l'aller.

Les navires Italiens sont avantageux pour le transport des arachides. On calcule leur encombrement à raison de 80 boisseaux, soit 64,64 par boisseau impérial comble, d'un poids moyen de 11 k. pour un tonneau de jauge. Ces navires se réservent dans la charte-partie, la faculté de charger en grenier sur le pont et dans les cabines, faculté dont ils abusent, et qui peut être fort dangereuse pour la navigation. On estime qu'ils mettent sur le pont 20/100 du chargement de la cale. C'est grâce à cette clause, que les Italiens font leurs frais, malgré la modicité du frêt.

Malgré les ressources de toute nature que possède la Guinée Portugaise, on constate avec peine que le système des impôts introduits par l'administration actuelle ruine le pays. La situation précaire, qui en est la conséquence pour les indigènes, cause un mécontentement général, et le Gouvernement Portugais est obligé de faire des efforts hors de proportion pour se maintenir dans la Colonie ; aussi les charges augmentent-elles chaque jour, en même temps que les revenus diminuent.

Actuellement les Portugais ne paraissent pas songer à vouloir remédier à la situation. Ils viennent encore de créer un nouveau droit de 12 fr. par kilo sur les tabacs étrangers. Or, les tabacs portugais n'existent pas ; c'est donc vouloir encourager la contrebande, ou arrêter toute transaction de tabac, qui, dans ces régions, est la matière d'échange préférée par les indigènes, et constitue en quelque sorte la monnaie divisionnaire.

L'application d'un nouveau programme politique vint aggraver les maux causés par les mesures économiques.

Ici je suis encore obligé de faire un retour en arrière, et de faire l'exposé de la situation des comptoirs avant l'application du régime colonial.

Au 16e et 18e siècle, les possessions portugaises de la Côte occidentale d'Afrique étaient les seules qui fussent de véritables colonies. Les Français, les Anglais et les Hollandais avaient des comptoirs et des forts ; les Portugais seuls avaient des villes et une population établie dans le pays. Un autre avantage leur donnait encore la supériorité sur leurs voisins. Ces derniers n'avaient, en effet, dans leurs établissements, d'autres administrateurs que les Agents des Compagnies de

Commerce. Alors, tous les intérêts des indigènes étaient sacrifiés à ceux des actionnaires Dans les Bissagos au contraire, et principalement à Cachéo, qui était alors le centre principal de leurs possessions, il y avait un Gouverneur avec le titre de Capitaine-Major, plusieurs employés civils, et un vicaire-général. Cette organisation attirait les émigrants, mais ceux-ci ne purent jamais prendre possession d'un véritable domaine colonial ; autour de Cachéo même, les Portugais ne possédaient qu'une banlieue très restreinte, et ils devaient s'enfermer dans les murailles de la ville pour échapper aux attaques incessantes des papels. Aussi arrivait-il parfois, qu'à Cachéo et Bissao, villes situées au milieu d'un pays remarquable par sa fertilité, on manquait parfois des choses nécessaires à la vie. Abandonnés de plus en plus par la métropole, ces comptoirs avaient vu dans le courant du 19e siècle leur situation devenir chaque jour plus précaire, car les indigènes saisissaient tout prétexte pour témoigner leur mauvaise volonté, et rendre le blocus plus étroit.

En créant une colonie, les Portugais durent réagir contre la situation misérable tolérée depuis tant d'années ; aussi, s'efforcèrent-ils d'élargir le cercle de leurs possessions, en imposant le respect de leurs forces et de leur autorité sur les territoires où s'élevaient les anciens comptoirs. L'examen de la situation politique les conduisit à contracter des alliances avec les uns, à imposer la force des armes aux autres, et à supprimer les coutumes payées depuis la création des comptoirs.

Malgré la surprise que devaient ressentir les indigènes, il n'est point doûteux que les Portugais n'eussent pu modifier la situation qui existait depuis plus de trois siècles, si leur action politique eut été conduite avec méthode, et appuyée d'opérations militaires bien organisées, dirigées avec résolution vers un objectif choisi avec discernement.

L'examen des faits semble montrer qu'il y a eu malheureusement, depuis 1870, un véritable décousu dans la direction des affaires. Les Gouverneurs qui se succédaient trop rapidement, appréciaient la situation de façon différente, et sous l'influence des conseillers plus ou moins personnellement intéressés, modifiaient la ligne de conduite suivie par leurs prédécesseurs.

Ainsi s'expliquent les changements brusques de la politique suivie par les Portugais depuis 1870 en Guinée, les résultats en furent fâcheux, tant au point de vue militaire, qu'à celui du prestige, qui avait tant besoin d'être rehaussé aux yeux des indigènes.

Voici, en quelques lignes, l'historique de cette politique et de ses résultats :

Dans une des premières expéditions des Portugais sur le territoire de Bolor, les troupes portugaises subirent un échec. Quelque temps après, ces mêmes troupes furent dirigées contre Makra, chez les Balantes, et ne furent pas plus heureuses ; elles durent se retirer, et leur retraite fut couverte par le· Gourmettes de Bissao, qui accompagnaient la colonne à titre d'auxiliaires.

Quelque temps après, une expédition fut dirigée contre les Biaffades; la colonne fut attaquée au moment où elle tentait de traverser une région marécageuse, elle perdit beaucoup de monde, et laissa un grand nombre de soldats prisonniers (noirs d'Angola) aux mains des Biaffades, qui en firent des esclaves ; là encore, les Gourmettes de Bissao couvrirent la retraite, et sauvèrent le capitaine Fonsico au moment où il allait tomber aux mains de l'ennemi.

Quelque temps après cette expédition, les Portugais essayèrent de dégager Boubah, pressé par les Foulahs Coundas du Foréah. Soutenus par des auxiliaires Mandingues et Biaffades, ils remportèrent un succès. Un certain nombre de Foulahs restèrent prisonniers entre les mains des auxiliaires, jusqu'à la réconciliation du Gouvernement Portugais avec Bakari-Guidali, roi du Foréah.

Après les Balantes, les Biaffades, les Foulahs Coundas, ce fut le tour des Papels.

En 1884, une colonne sortit de Cachéo, mais, surprise dans les bois, elle battit précipitamment en retraite, laissant aux mains de l'ennemi le sergent Collado et le sous-lieutenant d'artillerie Henrique, qui fut décapité en vue de Cachéo ; le Commandant, qui se dévouait héroïquement pour protéger sa colonne, fut blessé, et n'échappa aux mains de l'ennemi que grâce au courage d'un soldat noir d'Angola, nommé Kaboum.

Cet insuccès mit en effervescence les populations de la Guinée ; et ce fut le signal d'une prise d'armes chez les Biaffades, qui attaquèrent les escales du Rio-Grande de Bolola.

Le vapeur *Boulama*, qui fait en temps ordinaire le service postal entre Boulam et le Cap-Vert, fut réquisitionné, la colonie ne possédant pas encore de canonnière, et transporta 50 soldats à la pointe Boudouque, où s'élève une habitation appartenant au commerçant

Portugais Komoldo-Pinto. On fit appeler le roi de Buduco, et on palabra avec lui sans résultat. La troupe rentra alors à Boulam, et les Biaffades de Cubicègue, renforcés des Biaffades de Gam-Paix, se jetèrent sur les Foulahs installés dans les escales du Rio-Grande.

L'établissement de M. Komoldo-Pinto fut devasté, et le Gouverneur Gauvin dut se contenter, faute de canonnière, d'envoyer des embarcations croiser dans le Rio-Grande.

Quelques pirogues furent saisies, mais les Biaffades purent attaquer à loisir les propriétés privées qui étaient à leur merci.

C'est alors qu'intervint un négociant français, M. Ferrolliet, et grâce à son concours, l'ordre put être rétabli. M. Ferrolliet conduisit les Chefs Biaffades au Gouverneur Gauvin, et, en présence de M. Luis de Banos, Jons Hoppfer Pinto, et de 3 officiers, les chefs promirent de ne plus menacer les propriétés privées, si le Gouvernement Portugais s'engageait de son côté à ne pas intervenir dans leurs conflits avec les Foulahs, qui sont les envahisseurs du territoire de leurs pères.

Sur ces entretaites, le Gouverneur eut pour successeur M. Paola-G. Barboza.

Ce fonctionnaire réquisitionna de nouveau le vapeur *Boulama*, et se rendit dans le Rio-Grande, accompagné des fonctionnaires et des habitants notables de la colonie. Il reconnut l'état déplorable des propriétés agricoles et communales, et fit appel au concours de tous pour obtenir un remède à la triste situation qu'il constatait.

A Buduco, le Gouverneur engagea les Biaffades à résister aux Foulahs, ce qui ne l'empêcha pas, quelques jours après, au poste de Boubah, de faire alliance avec ces derniers. Leur Roi Bakary-Guidali, se sentant fort de l'appui du Gouverneur, pensa pouvoir tenter un effort sérieux contre les Biaffades, et réclama même le concours effectif des Portugais. Les Biaffades rappelèrent alors au Gouverneur qu'ils avaient fait un traité avec son prédécesseur, et que ce dernier s'était engagé à ne pas intervenir dans leurs guerres avec leurs voisins.

Sur ces entrefaites, Bakary Guidali informa le Gouverneur d'un projet d'attaque contre la place Biaffade de Cubicègue, il devait attaquer par le haut de la rivière le 2e ou 3e jour du jeûne, c'est-à-dire le 17 ou 18 janvier 1886, et invitait les Portugais à prononcer leur propre attaque par le bas de la rivière.

Le Gouverneur rassembla tous les Foulahs réfugiés à Boulam, ainsi que quelques Gourmettes de cette ville ; envoya dire aux Biaffades qu'il se rendait dans le Rio-Grande pour protéger les propriétés, et assura leur chef Mahmadou-Diola, qu'il resterait spectateur à bord de la canonnière *Sado*. Mais le Gouverneur jugea sans doute à propos de modifier sa politique, car, ne voyant pas arriver Bakary-Guidali, le 15 janvier 1886, il alla lui-même attaquer les Biaffades. Les Portugais ne furent pas heureux, leurs munitions restèrent aux mains de l'ennemi, et le Capitaine Cactano Philippe de Sousa, blessé à cette affaire, mourut le 22 à l'hôpital de Boulam. On retira, paraît-il, de sa blessure, la balle d'un fusil portugais.

Le Gouverneur avait déjà battu en retraite, quand le 17, les Foulahs, comptant sans doute sur l'appui des Portugais, vinrent à leur tour livrer bataille aux Biaffades. Ils furent battus et se retirèrent en complète déroute.

C'est après cette malheureuse expédition de Cubicègue, qu'une cinquantaine de soldats Angolas désertèrent de Boulam sur un côtre.

Ils gagnèrent le Rio-Compony, remontèrent le fleuve, et s'échouèrent dans la rivière de Tomboïa. Faits prisonniers par les indigènes, ils furent vendus à vil prix comme esclaves dans le Rio-Nunez.

Dans le Haut Géba, les Portugais ont été plus heureux, les Mandingues, qui s'étaient emparés de toute la région voisine de Géba, furent battus et refoulés au-delà du Cachéo.

Dans le cours de ces dernières années, toutes les peuplades répandues sur le territoire de la Guinée ont donc été successivement en guerre avec les maîtres de la colonie.

Pendant que l'Administration coloniale de la Guinée Portugaise prenait l'initiative des mesures qui devaient, à bref délai, provoquer les funestes résultats que je viens de signaler, une Commission mixte, réunie à Paris, étudiait un tracé de frontière.

Le 20 juillet 1887, la Chambre des Députés adopta le projet de loi, ratifié déjà par le Parlement Portugais, dont la teneur suit :

Article 1er. — En Guinée, la frontière qui séparera les possessions françaises des possessions portugaises suivra, conformément au tracé indiqué sur la carte N° 1, annexée à la présente convention :

Au Nord, une ligne qui, partant du cap *Roxo*, se tiendra, autant que possible, d'après les indications du terrain, à égale distance des rivières *Cazamance* (*Casamansa*) et *San Domingo de Cacheu* (*sao Domingo de Cacheu*), jusqu'à l'intersection du méridien 17° 30 de longitude Ouest de Paris avec le parallèle 12° 40 de latitude Nord. Entre ce point et le 16° de longitude Ouest de Paris, la frontière se confondra avec le parallèle 12° 40 de latitude Nord. A l'Est, la frontière suivra le méridient de 16° Ouest, depuis le parallèle 12° 40 de latitude Nord jusqu'au parallèle 11° 40 de latitude Nord;

Au Sud, la frontière suivra une ligne, qui partira de l'embouchure de la rivière *Cajet*, située entre l'île *Catack* (qui sera au Portugal) et l'île *Tristão* (qui sera à la France), et se tenant, autant que possible, suivant les indications de terrain, à égale distance du *Rio-Componi* (*Tabati*) et du *Rio-Cassini*, puis de la branche septentrionale du *Rio-Componi* (*Tabati*), et de la branche méridionale du *Rio-Cassini* (*Marigot de Kokondo*) d'abord, et du *Rio-Grande* ensuite, viendra aboutir au point d'intersection du méridien 16° de longitude Ouest, et du parallèle 11° 40 de latitude Nord.

Appartiendront au Portugal toutes les îles comprises entre le méridien du cap *Roxo*, la côte et la limite Sud formée par une ligne qui suivra le thalweg de la rivière *Cajet*, et se dirigera ensuite au Sud-Ouest, à travers la passe des Pilotes, pour gagner le 10° 40' de latitude Nord, avec lequel elle se confondra jusqu'au méridien du cap *Roxo*.

Article 2. — S. M. le Roi de Portugal et des Algarves reconnaît le protectorat de la France sur les territoires du *Fouta-Djallon*, tel qu'il a été établi par les traités passés en 1881 entre le Gouvernement de la République Française et les Almamys du *Fouta-Djallon*.

Le Gouvernement de la République Française, de son côté, s'engage, à ne pas chercher à exercer son influence dans les limites attribuées à la Guinée Portugaise par l'article 1er de la présente convention. Il s'engage, en outre, à ne pas modifier le traitement accordé de tout temps aux sujets portugais par les Almamys du *Fouta-Djallon*.

Ce traité confirmait donc les droits des Portugais sur les comptoirs qui relevaient précédemment de l'administration des îles du Cap-Vert, et qui se trouvaient tous enclavés dans la frontière portugaise, à l'exception de Zighinchor, situé sur la Casamance, dont la cession nous avait été faite en échange du Cassini, rivière cédée à la France en 1855 par *Youra*, roi des Naious dont les territoires s'étendent au Nord jusqu'au Tombali.

J'ai déjà décrit le chef-lieu de la Guinée Portugaise, et donné un aperçu des îles qui en font partie, je vais compléter ces renseignement spar un aperçu du territoire compris sur la terre ferme.

Le Rio Cachéo et Cachéo.

Au nord de la Guinée Portugaise, la frontière est tracée entre le cours de la rivière française de la Casamance et de la rivière portugaise du Rio Cachéo ; sur ce dernier fleuve se trouve l'établissement portugais de Cachéo, fondé en 1588.

Il se compose d'un mauvais fort, armé de 12 vieux canons, et d'un village entouré d'un rempart de terre, avec 1,800 habitants. Les blancs forment le tiers de cette population.

Cachéo est aujourd'hui une ville en décadence ; c'était cependant autrefois le centre le plus important des Portugais sur cette côte.

En 1700, c'était le seul établissement européen qui ressemblât sur la côte à une ville. Il y avait quelques fonctionnaires, une population blanche nombreuse, et des relations fréquentes avec l'Europe.

La ville de Cachéo avait un aspect tout à fait spécial et des plus pittoresques. Il existait, paraît-il, une Société de Bravi, qui opérait avec la plus grande tranquilité, dès que la nuit était venue. Muni d'un plastron de cuir qui lui couvrait la poitrine, et qui était percé de petits trous, où l'on plaçait plusieurs paires de pistolets comme dans des meurtrières, des poignards, d'un bouclier, d'une rapière, d'une carabine, de lunettes qui lui cachaient les yeux, d'une fourche pour servir d'appui au fusil, d'un long manteau noir, chacun d'eux semblait une citadelle ambulante.

Tels étaient les visiteurs qu'on rencontrait la nuit dans les deux rues de Cachéo, et quelquefois dans les maisons, où l'on devrait s'enfermer avec soin.

Il ne fallait pas compter sur la garnison, qui était de trente soldats ; car les rondes qu'elle faisait la nuit étaient presque aussi redoutées que les rencontres des bandits. On expliquait cela par l'insuffisance de la solde à laquelle les soldats du roi ajoutaient de petits suppléments.

Le reste de la population était à l'avenant, et les blancs ne valaient guère plus que les noirs qui s'étaient établis au milieu d'eux.

La rivière de Cachéo est navigable jusqu'au poste de Farinha (Farim), dont la situation dans l'intérieur correspond en quelque sorte à celle de Sedhiou, mais cette escale est loin d'avoir l'importance commerciale de sa voisine de la Casamance.

De Cachéo jusqu'à Farinha, situé à 70 milles du Cap Mata, en ligne droite, et à 100 milles en suivant les sinuosités du fleuve, la navigation ne présente aucun danger.

Près de Farinha, les mangliers disparaissent totalement; le pays devient beau, un sol légèrement incliné et fertile se montre autour du village, entouré de plantations de cotonniers.

Le Comptoir a été fondé en 1641, et fortifié en 1835, aujourd'hui il n'est plus défendu que par trois mauvaises batteries couvertes de chaume; une hutte d'argile sert d'église à une population de 640 habitants.

Les rapides barrent le fleuve à quelque distance en amont.

Au 17e siècle, les Portugais de Cachéo créèrent le fort Saint-Philippe, sur le Rio de Saral, affluent du Cachéo; puis ils passèrent par le Saint-Domingo, dans la Casamance, et enfin par le Songrogou, dans le bassin de la Gambie.

La rivière de Saint-Domingo prend ses sources près de Guinguin, où s'arrêtent les pirogues.

De Guinguin on peut se rendre par terre au village de Guidé, où commence une nouvelle rivière, qui se jette dans la Casamance, près du poste ruiné de Baluartinha. C'était la route ordinaire suivie pour se rendre du Cachéo à Zighinchor; aussi, pour assurer les relations avec la Casamance, les Portugais avaient-ils établi les deux forts de *Baluar-Tinha* et de *Baïto*, sur les marigots de *San-Domingo* et de *Guidé*, navigables sur une partie de leurs parcours, et séparés à leurs sources par un court espace marécageux, que l'on peut franchir en quelques heures pendant la bonne saison. Les commerçants conservaient, grâce à cette route, des relations permanentes avec Santo-Domingo, qui semble avoir été pendant les deux siècles derniers un entrepôt et un centre de traite considérable. Le Roi de Portugal, s'étant réservé le bénéfice des droits sur la cire de la Casamance, cette marchandise ne pouvait passer dans le Cachéo qu'en payant au fort de Baïto.

Le San-Domingo coule sous un berceau de feuillage, au milieu d'une magnifique région forestière, exploitée depuis 1830 par le Gouvernement Portugais. Des ouvriers venus de *Lisbonne*, choisissent les bois et dirigent l'opération; l'exploitation se fait du côté du Rio-Cachéo. Chaque année, un ou deux *hiates* viennent de Lisbonne charger ces bois, destinés à des constructions navales. Les hiates qui font ce transport, sont eux-mêmes construits avec des bois provenant de ces forêts.

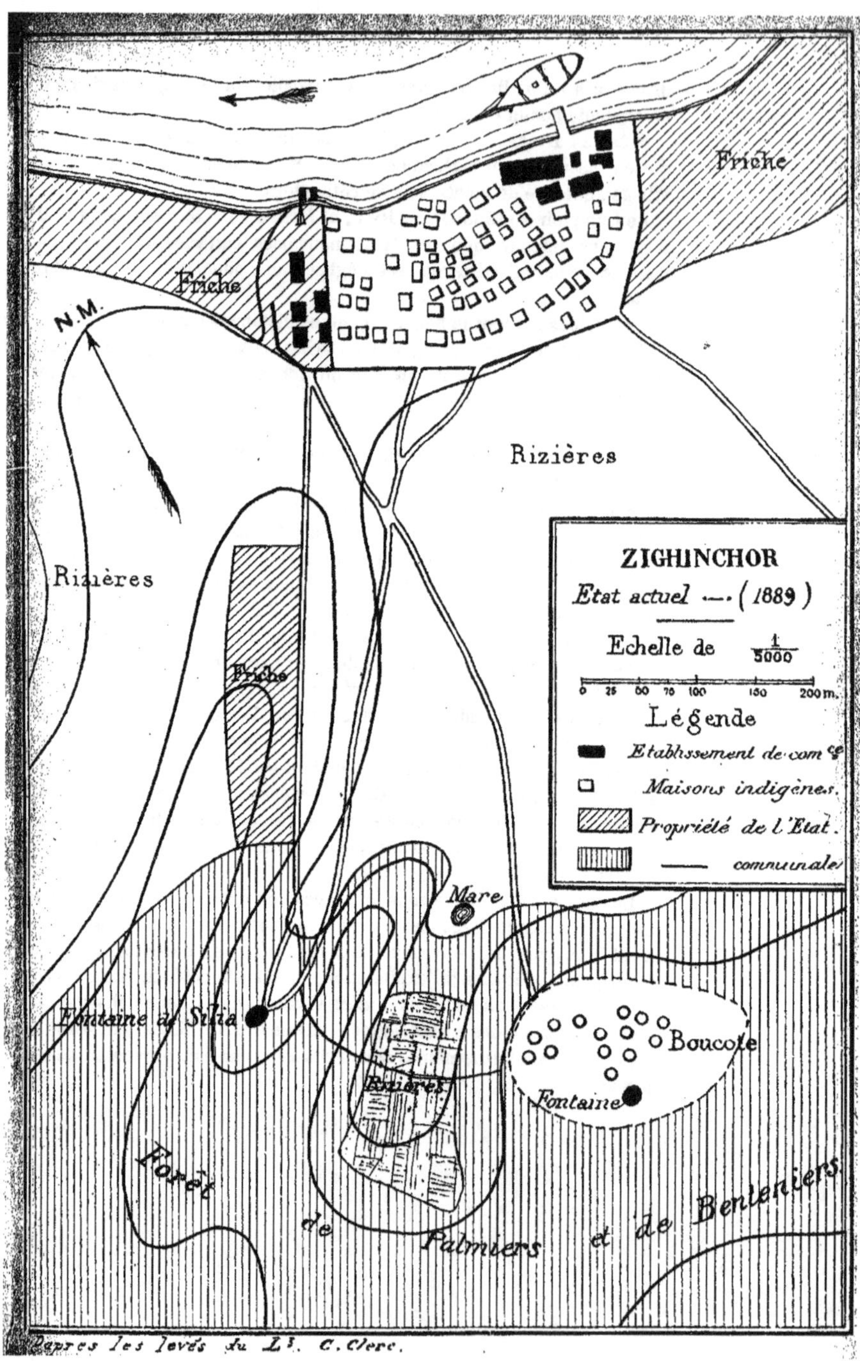

D'après les levés du Lt. C. Clerc.

Un des arbres les plus recherchés par les Portugais pour la durée et l'incorruptibilité de son bois est *l'Erythrophlœum d'Atzelius*). Il est désigné chez les Portugais sous le nom de *Mancôme* ou l'arbre d'*eau rouge;* les *feloupes* le nomment *Bourane (boire);* son écorce rougeâtre est un poison violent; elle sert à composer la boisson dont se servent les noirs dans l'épreuve des jugements de Dieu. A *Bissao* et à *Cachéo* on fait avec le Mancône des affûts de canon, qui durent de longues années, exposés au soleil et à la pluie. Les grosses branches de cet arbre s'emploient en courbes et en varangues dans les constructions navales. On s'en sert également pour soutenir la charpente des maisons construites en pisé. La partie plantée n'est attaquée ni par l'humidité, ni par les thermites, qui dévorent presque tous les bois. *Il pourrait être utilisé avantageusement pour fournir des traverses aux chemins de fer du Sénégal.* Cet arbre est très commun dans les forêts de la Casamance.

Les Portugais qui s'établirent à *Cachéo*, à *Santo-Domingo*, à *Farim*, à *Zighinchor*, et dans une foule d'autres endroits, se fixèrent pour la plupart sans espoir de retour. Aussi, épousèrent-ils des femmes du pays, et firent-ils souche de cette population métis, si nombreuse dans la Guinée. Ces alliances facilitèrent des rapprochements et des bonnes relations avec les indigènes, car l'islamisme n'empêchait pas encore le noir d'accepter les principes de l'Européen.

Aussi, une foule d'indigènes fixés auprès des Portugais, et unis à eux par les liens du sang, se façonnèrent-ils sans résistance aux mœurs des nouveaux venus, et subirent-ils leur influence religieuse.

Ainsi se forma la population des *Gourmettes* et des *Mandiagos*. Ceux que nous avons vus, portent souvent encore un christ en cuivre sur la poitrine; c'est un héritage de leurs ancêtres. Tout en se donnant pour chrétiens, les Mandiagos n'en sont pas moins polygames, très ivrognes et très débauchés. Toutefois, ils sont bons cultivateurs et bons mariniers.

Leurs femmes s'habillent très convenablement, ne manquent pas d'une certaine élégance, et souvent même d'une certaine distinction, si l'on peut employer ce terme à leur égard.

Toutes les cérémonies, mariages, enterrements, etc, sont pour les Mandiagos une occasion de boire force eau-de-vie et vin de palme. Quand une jeune fille se marie, toutes les femmes de la ville se rassemblent, s'habillent de leur mieux, et l'accompagnent avec des chants et des cris, de maison en maison. Il est alors d'usage d'offrir un cadeau à la fiancée et du vin de palme au cortège.

Les jours de fête religieuse, des processions se promènent également par la ville, et les manifestants font à chaque maison de nouvelles libations de vin de palme. L'on peut juger de la tenue des fidèles après quelques heures de périgrinations dans les rues.

Tous ces gens parlent un portugais incorrect.

Le Géba et Bissao.

Au Sud du Rio Cachéo, la principale rivière que l'on rencontre est le Géba, vaste estuaire qui reçoit la rivière Géba et le Rio-Grande, qui est comme son nom l'indique, un grand cours d'eau. La ville de Bissao est construite dans l'Ile de Bissao, à l'embouchure du Géba.

Les pirogues et petites embarcations se rendent facilement du Cachéo au Géba, par la rivière ou canal Jatte, qui a 45 milles de cours, et dont les fonds atteignent 5 et 9 m. Dans cette rivière, les rives du côté de la terre, ainsi que dans les Iles de Jatte, Bissis et de Bissao, sont bordées d'épais palétuviers et plantées d'épaisses forêts, elles sont habitées par les Manjaques et les Papels. Pour éviter la haute mer les embarcations et caboteurs naviguent dans le canal de Jatte.

Vu de la rade, Bissao ressemble à une petite ville de France; les maisons y sont rapprochées, et construites à l'Européenne; les toits sont recouverts de tuiles; l'enceinte et la citadelle, dont on aperçoit les remparts, offrent l'aspect d'une place forte. Il y existe un wharf, qui, à marée haute, permet aux embarcations d'opérer le débarquement de leurs marchandises; mais quand on descend à terre pendant la marée basse, le débarquement est difficile, et, comme à Boulam, il s'opère à dos d'hommes.

La distance à parcourir entre l'eau et la terre ferme est de 300 m., et entièrement recouverte d'une vase épaisse et puante, dans laquelle les pieds des porteurs indigènes glissent à chaque instant. C'est évidemment la présence de ces vases qui rend le séjour de la ville si redoutable aux Européens.

Les rues de la ville sont assez nettement dessinées par l'alignement des maisons, et assez bien entretenues.

Le marché se tient auprès de l'Aiguade, à l'ombre de grands fromagers ; il est très animé par la présence des Bissagos, des Manjaques et des Balantes, qui apportent des oranges, des bananes, des poules, des cochons et quelques légumes.

La population de Bissao se compose de deux éléments bien différents : le premier comprend, des naturels, les Papels ; le second, des gens de diverses nations, tous chrétiens, elevés sous la protection du fort portugais, et sujets du Portugal. Ils portent le nom de Mandiagos et de Gourmettes. Ce sont eux qui arment les embarcations qui remontent le Géba, et parcourent les marigots voisins pour amener les produits de cette région (Cire, ivoire, peaux, huile de palme, caoutchouc, etc.). Une partie des Gourmettes embarque même sur les navires qui font les voyages d'Europe. D'autres sont ouvriers de toute sorte, et servent au besoin de pilotes aux caboteurs des diverses nations qui traitent dans l'Archipel des Bissagos.

Les Papels habitent dans une foule de petits hameaux. Un seul grand village est celui du roi. Ils peuvent mettre 1500 hommes sous les armes. Les Papels sont répandus depuis la rivière St-Martin dans l'île de Bissao. Le roi réside à Baudish, village bâti à 1 mille 1/2 du fort et dans l'Est.

Les populations qui habitent la rive droite du Rio-Géba sont issues de deux races. Ce sont les Manjaques et les Balantes.

Les manjaques sont établis sur les territoires compris entre l'île de Cayo et la rivière St-Martin. Cette grande tribu se divise en deux peuplades gouvernées chacune par un roi. L'une s'étend depuis Cayo jusqu'à la pointe Diombé ; le roi réside à Bissis. L'autre commence à la pointe Diombé et possède jusqu'à la rivière St-Martin ; le roi réside à Bioum. La rivière Ancoras sert de limite naturelle à ces deux peuplades.

Les Balantes sont établis sur la rivière d'Otok et habitent le haut du fleuve. Cette dernière population est la plus riche et la plus commerçante ; aussi le comptoir de Géba, à 60 milles de Bissao, a-t-il une certaine importance pour les Portugais. Les Balantes communiquent entre Farim et Géba par un cours d'eau qui prend sa source dans le voisinage de ce haut Comptoir du Cachéo. Ils sont répandus depuis le Géba jusqu'à la Casamance, à cheval sur le Rio-Cachéo ; nous aurons plus tard occasion de parler de ce peuple qui occupe un important territoire dans nos possessions de la Casamance.

La France a joué un rôle important dans l'histoire de la fondation de Bissao, car tout en reconnaissant que les Portugais furent certainement les premiers qui abordèrent sur ce rivage, il n'en est pas moins avéré que les Français eurent les premiers un établissement dans l'île de Bissao dès l'année 1585. Toutefois ce comptoir ne prospéra pas, fut détruit, et ne fut plus rétabli qu'en 1700 par le Chevalier Brüe, Directeur de la Compagnie du Sénégal, après un traité d'alliance conclu avec le roi de Bissao.

Après le premier abandon des français, les Portugais étaient venus, en effet, fonder un nouvel établissement qui prit une certaine importance, mais Brüe désireux de donner une extension considérable à la Compagnie, dont il gérait les intérêts, ayant appris de Cartaing, envoyé précédemment à Boulam, qu'il n'était peut être pas prudent de s'établir sur cette île, envoya l'ordre à ce commis de diriger sur Bissao l'expédition qui avait été armée pour prendre possession de l'île de Boulam. A cette époque, Brüe n'avait pas encore visité Boulam. Quoique l'île de Bissao ne fût pas inhabitée comme la précédente et que les Portugais y eussent déjà un fort, Cartaing vint s'y établir. Il reçut le meilleur accueil de la part des indigènes, et engagea des relations commerciales avec eux. Mais après un court séjour, le climat ayant rudement éprouvé sa petite troupe, il dut se rembarquer et rentrer à Gorée. La plupart des hommes étaient morts, et tous les autres étaient très malades quand il rentra au Sénégal le 20 septembre de la même année. Il ne restait donc plus au Directeur qu'à reprendre lui-même une entreprise dans laquelle on avait échoué jusque là, et c'est le projet qu'il exécuta en 1700.

Il quitta Albréda le 24 février, et n'arriva à Bissao que le 4 mars, parce qu'il dut donner la chasse à plusieurs bâtiments. Il eut l'heureuse fortune d'en enlever trois. Le premier, qui portait le pavillon danois et était commandé par un Dieppois établi aux Antilles, fut pris sans difficulté. Mais les deux derniers, qui appartenaient à des Hollandais et qui étaient armés, l'un de 22 pièces et l'autre de 30, essayèrent de résister ; une canonnade de quelques instants força le plus grand à se rendre, et l'autre, après s'être défendu assez vivement alla s'échouer à la côte. L'équipage se sauva avec ses chaloupes, et aussitôt, les noirs qui étaient à bord, brisèrent leurs chaînes, pillèrent le bâtiment et gagnèrent le rivage en sautant dans la vase. Les indigènes des îles voisines qui avaient assisté à cette lutte, vinrent à leur tour disputer la capture aux Français ; mais on les chassa à coups de fusil, et le navire fut relevée à la marée suivante. Brüe exécutait ces saisies en vertu d'un principe reconnu par les Compagnies qui étaient d'accord sur la nécessité d'écarter les commerçants particuliers et de saisir les bâtiments qui n'appartenaient à aucune de leurs associations. Ce principe commençait à être battu en brèche par la législation anglaise, qui triompha bientôt des prétentions émises par les grandes Compagnies.

Quand les navires français furent signalés dans le Géba, le Gouverneur de Bissao comprit que la tentative avortée de Cartaing allait être reprise à nouveau, et il eut un moment des velléités de résistance ; un coup de canon à boulet en donna la preuve quand la flotte française se présenta devant le fort, pavillons déployés. Le Directeur ordonna au Capitaine Le Cerf, de la « *Migonne* » de s'approcher de la place pour connaître les intentions du Gouverneur et d'aller ensuite lui demander des explications.

L'officier Portugais qui se nommait don Alfonca, déclara à cet envoyé qu'il défendait aux Français de descendre dans l'île. Il ajouta qu'il avait l'ordre formel de s'opposer à l'établissement de tout étranger dans les limites de la concession Portugaise.

Brüe rappela alors deux faits au Commandant Don Alfonca ; que les Français étaient venus les premiers dans cette contrée, et que les patentes de la Compagnie lui donnaient l'autorisation de commercer du Cap-Blanc à la rivière de Sierra Leone.

A cette lointaine époque il n'était pas encore question de droits de possession ou de protectorat, les Compagnies avaient simplement pris le monopole dans quelques territoires à la suite de traités avec les Chefs indigènes ; mais comme ces traités n'étaient jamais écrits, il était difficile d'en établir l'existence. Sur beaucoup de points, l'usage seul avait réglé le partage du Commerce entre deux ou plusieurs Compagnies ; mais il était souvent bien difficile de conserver les traditions lorsqu'il y avait des alternatives d'occupation et d'abandon. Aussi avec un pareil système, les difficultés étaient permanentes et les querelles devaient se renouveler chaque jour.

Brüe ne se préoccupa pas des revendications du Gouverneur Portugais, il se contenta de rechercher l'appui de l'empereur de Bissao, car c'était le titre de ce prince, les Chefs de canton ayant eux-mêmes le titre pompeux de roi. L'entrevue officielle eut lieu le 9 mars, sous un grand arbre voisin de la mer et du fort Portugais. Ce jour-là, les tambours, les trompettes, les hautbois et les coups de canons retentirent plus que jamais.

Le Gouverneur Alfonca pour empêcher l'établissement d'un comptoir français, avait fait savoir à l'empereur, que Brüe se proposait de bâtir une case de pierre, et un fort ; ce que les indigènes de ces pays redoutaient avant tout. Le Directeur protesta contre une pareille accusation. Le roi se leva et dit alors d'un ton fier au Gouverneur, qui venait d'arriver : « qu'il s'étonnait qu'on voulût lui imposer des lois ; qu'il n'avait vendu son royaume à personne, et qu'il prétendait y rester le maître.

Après cela il n'y avait plus qu'à consulter les dieux pour que le traité fût conclu, et Brüe était certain que l'oracle lui serait favorable. Un grand arbre voisin, qui servait de demeure aux dieux, fut arrosé de vin de palme et du sang d'un bœuf immolé. L'alliance solennelle fut signée ; le prince trempa un doigt dans le sang de la victime et l'appliqua sur la main de Brüe ; puis il prononça la déclaration qui autorisait les Français à élever un comptoir. Toute la foule applaudit, les mousquets partirent, et la flotte répondit avec ses canons. Enfin, la présentation des cadeaux offerts par la Compagnie et une distribution d'eau-de-vie terminèrent la fête.

Le jour même, Brüe visita le fort Portugais. La place était armée de 20 pièces de canon, mais n'avait que trois bastions, sans fossés ni palissades ; la garnison n'était composée que de 17 hommes. Il n'y avait que deux blancs en comptant le Gouverneur, les autres étaient des Gourmettes.

Dès le lendemain on se mit à l'œuvre pour la construction du comptoir, et, comme Brüe avait pris ses précautions d'avance, la besogne marcha avec la plus grande rapidité.

Les travaux furent même calculés de façon que l'établissement devait réunir les conditions les plus sérieuses de sûreté. Le poste était entouré d'un fossé large et profond de 6 pieds, qu'une double haie d'épines protégeait ; les toits furent recouverts de bonnes tuiles ; et on éleva un réduit en briques solides au milieu de la construction, dont les murs étaient percés de meurtrières. Toutes ces précautions étaient nécessaires, car à cette époque lointaine, les relations des Européens avec les indigènes n'étaient pas toujours faciles. Ceux-ci non-seulement avaient le nombre pour eux, mais les armes dont ils se servaient n'étaient guère inférieures à celles des Européens ; et leurs flotilles de pirogues étaient fort redoutables pour les bateaux de commerce mal armés. A Bissao les Papels avaient en effet une marine de guerre composée de 25 à 30 pirogues. Les hommes en état de prendre les armes étaient nombreux ; le prince pouvait les convoquer en quelques instants, grâce à un système de signaux qui transmettait ses ordres jusqu'aux extrémités de l'île. Pour cela on avait distribué dans tout le pays, à des distances régulières, des bombalous ou tambours en bois creusé, sur lesquels on répétait chaque signal donné par le bombalou royal. Ce système est encore en usage chez les Papels, les Manjaques et beaucoup d'autres peuplades de la côte. A Bissao les Portugais et Français avaient en outre pour voisins les Balantes, peuplade sauvage et courageuse qui était animée d'une grande haine à l'égard des blancs ; et quelque temps auparavant, les Portugais ayant voulu tenter une expédition contre ce peuple, dont le territoire passait pour récéler des mines d'or, avaient été mis en complète déroute. La présence de forces redoutables n'arrêtaient point les entreprises de ces sauvages peuplades, car, au moment où Brüe était à Bissao, au mois d'avril 1700, un brigantin fut assailli par 35 pirogues dans chacune desquelles il y avait au moins 40 Balantes. Le bâtiment avait pour se défendre quatre canons et six pierriers ; en outre, le Capitaine l'avait fait couvrir de cuirs frais, quand il avait vu venir le danger, afin de garantir ses hommes contre les flèches des assaillants ; bien lui en prit car la lutte fut vive ; pendant six heures, ces furieux s'acharnèrent en effet contre le navire qui les criblait cependant de ses décharges.

Au moment où se créait le comptoir français, la petite colonie européenne qui faisait le commerce dans ces parages, et qui vivait auprès du fort Portugais, était alors très émue par un manifeste qui venait de paraître dans l'île même et qui attaquait solennellement le commerce des esclaves. Cette protestation était l'œuvre de 3 Recollets, vivant dans un petit couvent établi dans la paroisse de Bissao. L'apparition d'un pareil manifeste, écrit en Afrique même, dans la région où la traite s'exerçait avec le plus d'activité, au milieu d'une société de négriers, et au XVIIe siècle, est un des faits les plus extraordinaires.

Quand le comptoir fut solidement installé, bien approvisionné et armé, Brüe laissa à Bissao des fonctionnaires et un certain nombre de soldats, et appareilla avec ses navires à la fin d'avril. Justement ému des procédés du Directeur, le Portugal transmit par l'intermédiaire de son ambassadeur, des réclamations à la Compagnie du Sénégal, et une polémique s'engagea entre la Cour du Portugal et cette puissante Société. Mais celle-ci trouvant un appui sérieux auprès du roi de France, eut définitivement gain de cause ; et en octobre 1703, le fort Portugais fut rasé et abandonné.

Toutefois la présence des Agents français à Bissao ne détermina aucun courant d'émigration chez nos compatriotes.

A cette époque au contraire, les Colonies portugaises de la Casamance, de Cachéo, de Guinala, étaient prospères ; de nombreux portugais y faisait souche, et ces nouvelles générations, essentiellement portugaises par leur nom leur origine et leur religion, indigènes par leur couleur, se répandirent sur toutes les escales de la région et accaparèrent peu à peu le monopole du commerce.

Le nombre des Agents entretenus par la Compagnie française du Sénégal dans son établissement de Bissao se réduisit peu à peu ; il n'était plus que de 6 en 1735, et se réduisit encore par la suite. Le comptoir français pouvait être considéré comme ruiné, lorsqu'en 1765, 63 ans après l'abandon de leur fort, les Portugais, profitant des embarras de la France, vinrent reconstruire leur établissement.

Leur présence causa un grave préjudice à notre comptoir qui dut être abandonné en 1801. Toutefois nos droits n'avaient pas cessé d'exister. Ils furent même confirmés par le traité de Paris du 30 mai 1814, *qui restitua sans réserve à la France tous les établissements qu'elle possédait à la côte Occidentale d'Afrique au 1er janvier 1792*. Le 25 janvier 1817 eut lieu la reprise de possession effective du Sénégal et de ses Dépendances. Bissao ne fut plus occupé militairement ; mais ce qui valait beaucoup mieux, des maisons françaises, vinrent y établir des représentants qui utilisèrent le concours des Man-iagos en faisant d'eux leurs traitants. Ces maisons constituèrent peu à peu les seuls entrepôts où s'approvisionnaient les indigènes Portugais pour leurs opérations de trafic. Il est à noter que les Anglais ne firent jamais concurrence au commerce français de Bissao, qui, aujourd'hui, à part une maison Américaine, est encore tout entier entre les mains des Français. Ceux-ci sont actuellement assez nombreux pour former une petite colonie.

Comme tous les établissements portugais de la côte, Bissao relevait du Gouvernement du Cap Vert, mais ils n'en recevait qu'une protection inefficace ; aussi les difficultés avec les indignènes mettaient-elles souvent la ville en danger, et le Gouverneur du Sénégal dut plusieurs fois protéger l'établissement Portugais où nos nationaux avaient de grands intérêts. Il arriva, entre autres, en 1844 (octobre) que le Gouverneur de Bissao se trouvant dans une situation des plus critiques, dut envoyer demander à St-Louis et à Sierra-Leone des secours immédiats. La ville de St-Joseph était attaquée par les indigènes, et courait les plus grands dangers.

Le Capitaine de Corvette Baudin partit de Gorée sur le brick *l'Eglantine* et arriva assez à temps pour dégager la garnison Portugaise, et rendre la confiance aux habitants.

La Guerre avec les Papels avait été occasionnée par l'arrestation d'un chef de cette nation qui avait commis quelques désordres chez les habitants. Dans une lutte qui eut lieu pour le conduire au fort, un de ses sujets, qui voulait le défendre, fut tué par un soldat.

La manière de combattre des Papels consistait à venir par petits groupes s'embusquer dans les enclos voisins des établissements et à tirer sur les personnes qui s'en écartaient. Les Gourmettes profitèrent de cette occasion pour se révolter. Ils déménagèrent leur village, et après avoir mis leurs femmes et leurs enfants à l'abri dans l'intérieur du pays, se disposèrent à attaquer et à piller pendant la nuit les maisons de commerce. Les commerçants fortement barricadés repoussèrent l'attaque avec le concours de leurs captifs. Les Gourmettes ne pillèrent que deux petites maisons dont ils égorgèrent les habitants. Secondé par le Commandant Baudin, le Gouverneur de Bissao incendia le village des Gourmettes qui était situé auprès du fort. Les murs de leurs maisons furent ensuite renversés afin de protéger les Portugais contre les attaques que ces abris eussent permis de tenter.

Les dispositions qui ont été prises ne permettraient plus le retour d'événements semblables. Aujourd'hui, le fort Portugais qui protège les établissements, a la forme d'un carré bastionné. Il est bâti à 200 mètres de la plage, sur une petite élévation qui la domine ; trois de ses côtés regardent la campagne, l'autre le fleuve et le mouillage. Chaque côté présente une longueur de 200 mètres. Le mur de revêtement a 10 mètres en hauteur au-dessus du fossé ; il est en fort mauvais état, il est vrai, et les quelques pièces de 12 montées sur affût en fer, ne seraient peut-être pas susceptibles d'être utilisées. Les Casernes, la chapelle et la maison du Gouverneur sont dans le fort. Une fortification commencée sur l'île sorcière en face devait compléter le système de défense du mouillage.

En 1846, après l'attaque du fort par les Papels et les Gourmettes, on a établi une muraille qui entoure les établissements depuis le bastion du S.-O. jusqu'au delà de l'Aiguade située à 600 mètres au sud de ce bastion. Cette muraille près de la place est flanquée d'une petite tour.

A notre avis, la situation de Bissao est bien supérieure à celle de

Boulam. Les grands navires qui hésiteront toujours à tenter la navigation difficile que présentent les bancs de l'embouchure du Rio Grande de Bolola, n'auraient à courir aucun danger pour venir à Bissao. Aussi, sera-t-il toujours difficile au Gouvernement Portugais de décider les grandes lignes de paquebots à établir un point de relâche à Boulam. Il n'en eût peut-être pas été de même, si on leur eût proposé de venir à Bissao.

La rade est formée dans le cours de Rio Géba entre la côte sud de l'île de Bissao et l'île Sorcière. Le mouillage y est parfaitement sûr, dans toutes les saisons. La mer y est toujours belle, et le fond y présente une excellente tenue.

On peut construire sur la plage de Bissao, et on y répare d'assez grands navires caboteurs. On peut s'y échouer sans danger des vases, avantage qui n'existe pas à Boulam, car plusieurs grands navires qui se sont échoués n'ont jamais pu être relevés, une canonnière du Gouvernement est du nombre. Situé sur une grande et belle île, Bissao est au débouché de deux rivières, le Géba et le Rio Grande (*Kroubal*) qui peuvent ouvrir aux Portugais des routes importantes vers l'Intérieur.

Le Rio Géba que Monsieur Galibert a remonté sur le côtre le *Jean-Baptiste*, est un canal étroit et sinueux où la protondeur est très variable et parfois faible. La navigation comme celle de toutes les rivières portugaises en est interdite aux Étrangers. Dans la partie inférieure de son cours, le Rio Géba est bordé d'immenses plaines marécageuses recouvertes par les eaux pendant l'hivernage. Dans le voisinage de Faha, district cédé aux Portugais en 1827 où se voient encore les ruines d'un fort, les rives sont très fertiles et couvertes de belles forêts.

Le comptoir de Géba occupé militairement par les Portugais compte 1200 habitants. C'est un séjour malsain ; pendant les hautes eaux qui durent de juillet en octobre, les navires d'un certain tonnage peuvent remonter.

Sur les rives du Géba on récolte d'excellentes arachides, du riz en assez grande quantité, de la cire, des amandes de palme, et du caoutchouc ; cette région possède aussi d'immenses troupeaux.

Les arachides du Géba peuvent servir comme celles du Cayor au coupage des huiles de première qualité.

Les maisons de commerce font, en ce moment, dans le Rio Géba des plantations de canne à sucre pour se procurer de l'eau-de-vie, et éviter ainsi les droits considérables frappés sur les alcools à leur entrée en Guinée.

L'Arachide qui fait la fortune du Sénégal ne donne pas dans les rivières du Sud d'aussi bons produits que ceux récoltés dans le Cayor, cela est fâcheux car l'industrie née de l'exploitation de cette plante, et qui date d'un demi-siècle au Sénégal tend à se développer de plus en plus.

La région du Géba offre donc un certain intérêt au point de vue de cette culture, puisque les arachides qu'on y récolte valent ceux du Cayor.

On sait, en effet, tout le parti qu'on peut tirer de cette graine : le fruit est recouvert d'une enveloppe coriace et légèrement spongieuse qui se brise facilement sous les doigts. Elle renferme une, deux et quelquefois trois graines de la grosseur d'une aveline. Le goût de ces graines fraîches et crues rappelle vaguement celui de la noisette ou de l'amande, mais avec une certaine âcreté. Aussi les Espagnols qui dans leurs Colonies les utilisent pour l'alimentation, les font-ils bouillir ou griller, afin de leur enlever tout à fait ce principe d'âcreté.

Quant aux nègres d'Afrique, ils en composent des gâteaux avec du sucre. Torréfiées à l'instar du café, les amandes ont été employées quelquefois pour remplacer ce dernier produit, bien qu'elles n'en aient nullement l'arôme. En Espagne. on triture les graines qu'on mélange au sucre et au cacao pour les faire entrer dans la composition des chocolats de qualité inférieure, ces mêmes amandes exprimées, fournissent l'huile douce, limpide, de teinte blanche et dorée, suivant la provenance de la graine, huile qui obtenue à froid en première pression, est comestible, et peut se conserver sans rancir pendant plus d'une année, si l'on a soin de la tenir dans un lieu frais.

Le rendement de l'amande débarrassée de son enveloppe varie beaucoup. Ainsi la graine qui vient de la côte de Coromandel et de Bombay, donne seulement 36 à 38 %, tandis que celle du Sénégal et de Mozambique rend de 45 à 47 %. Pour que l'huile soit irréprochable, il faut que l'arachide voyage dans sa cosse.

L'huile d'arachide qui se fabrique surtout dans quelques grandes villes de France, Marseille, Bordeaux, Dunkerque, etc., jouit des mêmes propriétés comestibles que l'huile d'olive. Obtenue à froid en première pression elle sert d'aliment ; à l'état pur on s'en sert dans l'industrie pour la préparation de la sardine destinée à l'exportation. En Hollande et en d'autres contrées du Nord de l'Europe, celle qui vient de Cayor est recherchée à cause de son goût de noisette, pour la fabrication du beurre factice. On l'emploie également pour couper l'huile d'olive, quand celle-ci est trop forte, comme il arrive pour les produits du sud d'Italie.

L'huile d'arachide peut servir comme huile d'éclairage de luxe ; en ce cas, elle donne une lumière d'une douceur incomparable tout en brûlant moins rapidement que l'huile d'olive.

Quand on l'extrait en seconde pression d'une pâte chauffée, le produit diminue beaucoup de valeur et ne s'emploie plus alors que pour la savonnerie et pour divers graissages. Quant au tourteau, on l'utilise dans l'agriculture comme engrais, ainsi que pour la nourriture des animaux domestiques. Dans ce dernier cas, il faut que la masse ait été soigneusement tamisée. Quand le tourteau a été donné en guise de son aux vaches laitières, le lait qui en résulte est plus crêmeux et plus abondant ; pour la nourriture des bœufs, on le mêle à la paille, au foin et aux racines, et l'on estime qu'on obtient par ce mélange une économie d'un franc par jour par tête de gros bétail.

Enfin comme dernière utilisation de l'arachide, on peut signaler l'emploi des racines que leur goût sucré a fait quelquefois substituer à la réglisse.

Tandis qu'en France et dans la plupart de nos anciennes colonies, l'agriculture souffre d'une crise économique générale, qui dure déjà depuis plusieurs années, le Sénégal est dans une voie de prospérité agricole ascendante grâce à la culture de l'arachide.

Voici quelle en a été la production dans les trois dernières années (*Sénégal non compris les rivières du Sud*) :

1886	30,000	tonnes.
1887	25,000	—
1888	46,000	—

En 1888, les arachides ont été achetés à raison de 200 francs la tonne et payés en argent, les indigènes ne voulant plus de marchandises. Les commerçants ont donc donné aux indigènes 9,400,000 francs qui rentreront, si ce n'est déjà fait, dans leur caisse comme paiement des mille inutilités que les noirs ont le don tout particulier de rechercher.

Pendant que je procédais aux opérations de délimitation dans le Foréah et reconnaissais avec le commissaire Portugais le cours supérieur du Rio Grande (Koliba Kokoli Koli) j'avais chargé M. Galibert de descendre le cours inférieur de ce grand fleuve (Kroubal), de gagner Bissao, et de se rendre ensuite à Géba. Faute de place, je n'ai pu faire connaître cette intéressante exploration géographique dans la publication fournie dernièrement au journal des voyages : *Le Tour du monde* (1). Aussi pour fixer le lecteur sur la nature des deux cours d'eaux appelés Rio Grande et Géba, je ne crois pas inutile de retracer ici l'émouvante navigation de notre compagnon.

M. Galibert avait quitté Kandiafara le 29 février, emportant le canot démontable, il était accompagné de neuf porteurs, de trois laptots et d'un interprète.

Le lendemain il atteignit Chan-E-Biro, village situé à une heure du Koliba ; et le jour suivant, franchissant un rideau de hauteurs, il fut tout surpris de se trouver devant un fleuve large de plus de 500 mètres et semé d'îles nombreuses. A proximité, se trouvait, en amont, une magnifique chute de 4 mètres à pic.

Le canot en toile fut ouvert et mis à l'eau, et les porteurs qui étaient des gens de Simbéli furent congédiés. Mais au moment d'embarquer, une certaine surexcitation se produisit parmi les laptots. Les hommes qui accompagnaient M. Galibert, étaient en effet sous l'impression d'un incident, dont ils tiraient mauvais présage pour le voyage. La nuit précédente, ils s'étaient couchés sur les deux parties du canot en toile placées l'une sur l'autre ; quand on chargea les bagages, on trouva, enroulé entre les deux morceaux du canot, un serpent boa. Les hommes avaient dormi, séparés du reptile par l'épaisseur d'une toile. Leur émotion fut telle, sur le moment, qu'ils se contentèrent de pousser des cris de terreur ; le serpent brusquement réveillé, se déroula lentement, regarda avec étonnement autour de lui et disparut dans le fourré voisin ; il mesurait plusieurs mètres.

M. Galibert put pourtant s'embarquer à sept heures du matin. Il expédia par chemin de pied, son interprète et deux colis qui auraient

---

(1) Livraisons 1467-1468-1469 — chez Hachette et Cie, boulevard St-Germain, 79, Paris.

été de trop dans la fragile embarcation. Celle-ci contenait avec le pilote cinq hommes et un bagage de 200 kilogrammes.

Dans l'après-midi, le pilote prit congé après avoir expliqué que dorénavant il n'y avait plus rien à craindre de l'eau. Il fallait, disait-il, se tenir tout près de la rive gauche où se trouvait un canal, et l'on arriverait au bas du rapide sans obstacle.

Pour parer à toute éventualité, quelques précautions sont prises. Les colis sont amarrés au fond du canot, les avirons eux-mêmes sont retenus par de longues amarres, qui laissent la possibilité de les manier comme chasse-pierres.

On se met en route ; pendant deux minutes on est maître du canot ; puis tout d'un coup on se trouve dans un entonnoir. Il n'était plus possible de reculer. Le canot est emporté, et c'est à peine si l'on peut distinguer la forme des objets environnants. Tout à coup on signale un caillou que l'eau recouvre à peine et qui barre la route. Il faut éviter de s'y briser; on lui présente la pointe des quatre avirons. Le canot pirouette, il est rejeté, plein d'eau, par une déviation du courant et se trouve saisi dans les branches des arbres qui plongeaient dans le fleuve. Grâce à l'agilité des hommes, le canot ne se crève pas, mais il chavire. M. Galibert peut saisir une branche et se hisser à cheval sur un tronc d'arbre ; il aperçoit le canot et les hommes qui sont engagés à travers les branchages dans un courant de plusieurs milles.

La conduite des laptots fut, en cette circonstance critique, digne d'éloges. Tout déchirés, meurtris, ils maintinrent le Berton, démarrèrent un à un les objets, et les passèrent presque tous sur le rivage. Ils démontèrent ensuite, sous l'eau, la fragile embarcation, et au moyen d'amarres parvinrent à la retirer après plusieurs heures d'un labeur exténuant, presque désespéré.

Sur ces entrefaites, l'interprète arriva; il fut envoyé au village chercher des vivres, et à deux heures du matin les habitants arrivèrent et firent bon accueil aux naufragés.

Le lendemain, M. Galibert continua sa navigation et franchit un dernier rapide. A une heure de l'après-midi, la mer ayant baissé pendant sept heures, on cherche un atterrissage. Mais on était maintenant dans les eaux salées et il n'y avait plus sur les rives que vases infranchissables. Il fallait atterrir quand même, l'eau douce commençant à faire défaut; il était en outre prudent de se mettre en garde contre l'arrivée du mascaret, réputé terrible dans ces parages. On parvint à accoster un bloc de pierre détaché d'une élévation de la berge, et l'on déchargea le canot qui fut hissé à force d'efforts sur les cailloux. Les voyageurs éprouvant toutes les souffrances de la soif ne pouvaient songer à se reposer sur ce triste asile brûlé par le soleil. L'interprète prétendait d'ailleurs qu'il connaissait une fontaine plus bas ; aussi, en proie à la fatigue, à la soif et à l'inquiétude, M. Galibert se décida-t-il à continuer sa navigation, pour chercher un refuge plus hospitalier. On descendit le canot et l'on faisait déjà les préparatifs de départ, lorsque l'attention fut attirée par un bruit d'abord sourd, puis promptement saccadé, irrégulier, venu d'ici, venu de là, semblable à un immense craquement de pailles sèches en feu. On se hâta de vider le canot et de le hisser à nouveau ; il n'était que temps. Le mascaret déboucha tout à coup de derrière la pointe, imprimant aux pierres du refuge un mouvement qui donnait la sensation de l'effondrement ; il passa avec la vitesse d'un cheval au trot, refoulant les eaux et les élevant de plus d'un mètre.

La marée monta durant quatre heures ; l'équipage dut se hisser avec canot et bagages jusqu'aux dernières aspérités de la butte de cailloux. On ne pouvait songer à quitter le refuge ; un fort clapotement rendait la navigation périlleuse, et la marée eût entraîné les navigateurs en arrière de leur route. C'eût été courir vers un péril nouveau dans ce fleuve immense, agité et partout inabordable. Sur ces entrefaites, l'eau qui montait toujours envahit brusquement et contrairement à toute prévision, le dernier refuge. Ce fut un sauve-qui-peut général ; les hommes se précipitèrent dans le canot qui flottait déjà et menaçait d'être entraîné, abandonnant au milieu des flots les cinq naufragés. Le frêle esquif faillit chavirer ; il était rempli d'eau, mais tout le monde était à son banc et le courant étant moins fort, on put lutter contre lui, tout en s'allégeant de l'eau qui occupait la place des bagages abandonnés dans la précipitation du sauve-qui-peut. Les explorateurs longèrent la rive gauche, cherchant un refuge pour passer la nuit ; ils étaient exténués par la fatigue et la soif.

Enfin ils aperçurent un banc de cailloux et un peu plus bas un terrain plus plat, élevé d'un mètre au-dessus de la marée. C'était une berge abordable malgré son épais rideau de palétuviers. On sauta à terre, et après avoir vainement cherché dans les profondeurs d'une forêt inextricable, l'existence d'une source ou d'un ruisseau, les explorateurs du Kroubal durent se contenter d'un repas sommaire avec un peu de vin, de café et d'eau-de-vie, maigres épaves du naufrage.

Les feux furent allumés ; on essaya de dormir ; pour comble d'infortune, on eut d'abord affaire aux manians, fourmis militaires et militantes dont il a déjà été question. Cet ennemi, mis au large, grâce à une retraite prudente exécutée en bon ordre, ce fut le tour des maringouins ou moustiques impalpables et invisibles.

Manians, moustiques et enfin hippopotames, ceux-ci peu habitués sans doute à voir des feux dans leurs refuges de nuit, s'approchèrent, se promenèrent quelques mètres dans le premier bivouac abandonné aux manians, flairèrent les voyageurs, et les ayant éveillés par leur formidable soupir de mécontentement, surpris des mouvements brusques qu'ils occasionnaient s'enfuirent à toutes jambes.

Enfin l'horizon s'éclaira, et les feux rallumés permirent de faire sécher les vêtements, complètement trempés par l'humidité de la nuit. Il fallait se hâter pour continuer la navigation et trouver quelque aiguade, car la soif devenait intolérable et rendait fou.

La fleuve s'élargissait, les pointes étaient plus distantes, et l'humidité du matin ne permettait pas de distinguer nettement le contour des rives.

Les hippopotames deviennent de moins en moins nombreux ; le courant entraîne lentement le canot Berton, les laptots, à bout de forces, épuisés par la fatigue et la privation de nourriture et d'eau, sont silencieux et remuent à peine les avirons. Le soleil est déjà très haut ; pas un souffle d'air ; la chaleur est accablante. Tout à coup, l'on aperçoit dans le ciel quelque chose qui paraît être de la fumée ; il n'en faut pas plus pour rendre courage à tout le monde, les fatigues sont oubliées, car plus on avance, plus on a la certitude de n'être pas l'objet d'une hallucination.

Enfin, vers dix heures, au tournant d'une pointe, après avoir cru reconnaître vingt fois des villages qui n'existaient que dans leur imagination, les navigateurs distinguèrent quelque chose de rouge à plus de 3 milles sur une hauteur.

Quarante minutes plus tard, M. Galibert débarquait à Gam Matjetja, chez un traitant de MM. Blanchard et Cie, qui ont, en cet endroit, une maison couverte en tuiles.

Son premier mouvement fut de demander de l'eau, de l'eau à tout prix, avec cet accent de douleur et de férocité que cause la souffrance de la soif.

A Gam-Matjetja, M. Galibert décida de donner un jour de repos à ses hommes. Quant à lui, il lui fallut subir, malgré son immense fatigue, une nouvelle et rude épreuve de courage et de patience.

On avait à peine accosté, que de toutes les directions à la fois, accoururent enfants, femmes, vieillards. On voulait voir l'embarcation fétiche, sans toutefois oser l'approcher. Ce fut bien autre chose, lorsqu'on l'enleva jusqu'au sec, lorsqu'on la démonta, lorsqu'on mit les morceaux dans leurs chemises. Ceux qui arrivèrent après l'opération refusaient de croire ce que les autres venaient de voir. Il fallut promettre de remonter le Berton quand on aurait pris du repos.

M. Galibert monta à l'habitation construite sur un tertre élevé de 15 mètres ; elle fut envahie aussitôt. Il essaya de tous les stratagèmes pour se débarrasser de ces importuns, et épuisa toutes les ressources de son esprit, sans y réussir.

Le tam-tam résonnait dans les environs. On accourut de tous les villages biaffades où la nouvelle s'était propagée ; jusqu'à neuf heures du soir, M. Galibert ne put avoir un instant de repos.

A ce moment, les feux allumés dans les bivouacs improvisés des indigènes, autour de l'habitation du traitant, incendièrent les plaines d'herbes sèches. Le vent s'en mêla, il changea de direction, de sorte que les herbes brûlaient tout autour du tertre, jusqu'aux bords du fleuve. La chaleur et la fumée rendirent alors le séjour de l'habitation intolérable.

Le lendemain matin, M. Galibert la quitta au petit jour, ne gardant aucune reconnaissance à ses hôtes de leur obséquiosité. Toutefois, il prit bonne note des conseils qui lui furent fournis pour sa navigation.

Il allait en effet arriver dans l'estuaire du Géba, où il rencontrerait des vagues, du vent et des courants.

A une heure de son embouchure le Kroubal à Gam-Majetja n'a pas moins de 800 à 1000 mètres de largeur ; de ce point à l'embouchure, il va s'évasant et se termine avec une largeur de 1500 à 2000 mètres.

C'est donc bien ce fleuve qui continue l'estuaire faussement dénommé Géba et non pas le Géba qui, à partir de son confluent dans le même estuaire n'est plus, ainsi que le constata quelques jours plus tard M. Galibert, qu'un fort marigot.

Cette traversée de six heures avait été une sérieuse et nouvelle épreuve pour la petite embarcation. Même par un temps calme, l'estuaire est déjà en mouvement. Le moindre vent soulève des lames de fond ; il ne se leva pas heureusement ; les voyageurs furent violemment secoués, mais le canot n'embarqua pas une goutte d'eau, et, après avoir atterri une première fois sur la rive gauche, M. Galibert arriva sain et sauf à Bissao.

Il organisa de suite son convoi de ravitaillement, conformément aux instructions qu'il avait reçues et se disposa à accomplir la deuxième partie de sa mission.

Le 13 mars il s'embarqua accompagné par tous les Français de Bissao et par les autorités portugaises, sur le côtre le *Jean-Baptiste*. Ce fin voilier, célèbre par les voyages de M. Olivier, vicomte de Sonderval, avait dans ses cales les approvionnements des deux Commissions, que M. Galibert devait conduire à Géba.

Le 14 au matin, il doubla l'embouchure du Kroubal et pénétra dans la sombre entrée du Géba. M. Galibert pensait avoir à parcourir un fleuve immensément large, ainsi que l'indiquaient les cartes. Il ne trouva au début qu'un lit de 300 mètres bordé de vases couvertes de palétuviers. Puis courbes sur courbes, de sorte que le *Jean-Baptiste*, côtre de 30 tonneaux, ne pouvait plus circuler qu'à la remorque de son canot. Il dut avoir toujours une ancre à l'avant, une ancre à l'arrière, prête à mouiller, quand les remous où les excès de courant des creux dépassaient la force de son canot. Tantôt on filait cinq à six nœuds, tantôt les quatre hommes raidis, sur les avirons du canot, ne parvenaient pas à empêcher le *Jean-Baptiste* de marcher en arrière.

Dans la première marée on s'échoua deux fois dans les palétuviers, enfin le soir, après avoir dépassé Sambel-Chior, ruine d'une poste portugais, on mouilla par 3 mètres à marée pleine, le bateau calait $1^{m},20$ légèrement chargé.

Le patron, homme habitué à ces parages, s'était muni à Bissao, d'un gros câble de 30 brasses. Il avait 3 ancres sur chaînes. Les laptots de M. Galibert aidèrent ses hommes qui ne pouvaient suffire à leur pénible besogne. En cet endroit la marée montait pendant sept heures, et n'en mettait que cinq pour redescendre. A une heure de la nuit, le bruit du mascaret se fit entendre; on fila la chaîne de l'avant tandis que l'eau baissait avec force; puis, quand la vague fut à 10 mètres, on mouilla celle de l'arrière, le bateau fut soulevé; il fit avec son ancre ou ses ancres quelques cents mètres en avant, et finit par s'arrêter.

Le patron mit ses hommes au guindeau; il retira la deuxième ancre, celle de l'arrière, au moyen d'un palan, et l'on partit. La marée était pleine; mais le courant poussait encore quand une secousse se fit sentir; on était échoué, accosté par l'arrière à des palétuviers. La marée descendante laissa à sec le *Jean-Baptiste* penché sur bâbord avant, dans une position périlleuse; il fallut appuyer le bateau par des vergues de fortune plantées dans la vase. La marée suivante fut employée à des manœuvres de renflouage.

Bientôt les rives changèrent d'aspect ; à la vase et aux palétuviers succédèrent des bancs de sable et des rivages très bas, au delà desquels s'étendent des plaines que recouvrent les eaux pendant la saison des pluies. Elles sont d'abord couvertes de joncs, puis à mesure que l'on s'avance, ce sont des bambous et enfin des roniers.

Le 17, toujours à travers le même paysage, on atteint Faha. On est dans une zone de dangers différents. Le mascaret est encore très fort, mais le fleuve se rétrécit et a plus de fond. Seulement le lit est encombré de roniers qui présentent tantôt le dos et tantôt la pointe ; quelques-uns sont cachés par l'eau, le courant est fort, on risque à tout instant d'être défoncé, aussi ne peut-on naviguer que le jour, avec de grandes précautions. A Faha, M. Galibert apprit que le bateau avait encore deux marées à faire pour arriver à Géba. Ayant questionné les traitants sur le temps à employer pour y arriver par chemin de pied, il ne fut pas peu étonné en apprenant qu'il n'y avait que deux heures de route.

Le lendemain, 18, il partit seul avec un guide du pays vers onze heures du matin et fut rendu à Géba à une heure.

Ce phénomène du Mascaret qui se produit à chaque marée dans le Géba et le Kroubal, et qui n'existe que dans ces deux rivières, peut-être attribué à ce fait, que dans le vaste estuaire, la marée monte très vite par des fonds de 4 à 6^{m}, la base de la masse d'eau soulevée est retardée par le frottement, et la crête conservant son impulsion s'engouffre dans le canal relativement étroit des deux rivières, se dresse de plus en plus, et déferle ou roule devant la lame qu'elle précède.

Malgré les périls multiples qu'il courut dans sa double navigation, M. Galibert fit un excellent lever des deux cours d'eau.

Le Rio-Grande de Bolola et Boubah.

Dans le Sud de la Guinée, les Portugais occupent militairement Boubah depuis quelques années, ils s'y sont établis espérant que leur présence hâterait le développement de cette escale commerciale, où les maisons de commerce, élevaient des établissements pour répondre aux besoins de la traite, qui prenait chaque jour une importance plus grande.

Boubah était en effet une escale florissante, lorsque les arachides étaient cultivées dans la région, c'est-à-dire à l'époque où la situation politique n'était pas encore troublée. Aujourd'hui le commerce n'existe plus que pour fournir aux besoins locaux, et la ville abandonnée peu à peu par les commerçants ne présente plus que des ruines.

Nous avons déjà fait connaître les causes qui créent l'état actuel. Aussi ne faut-il point s'étonner que les quelques traitants qui occupent la place, n'aient pas à eux tous en magasin pour 20,000 francs de marchandises. Il existe quelques maisons construites à l'Européenne ; mais elles sont abandonnées et ruinées. Ce sont les anciens vestiges d'une prospérité passée. Le village indigène compte 150 cases et 600 habitants.

La garnison est forte de 50 hommes ; elle est commandée par un officier, sous les ordres du Commandant de la Place. Les soldats logent dans une construction en maçonnerie qui est fort délabrée, et ne rappelle en rien, les somptueuses casernes de Boulama. L'enceinte est formée d'une tapade bien établie avec des pièces de bois très serrées et solidement enchevétrées. Les ouvrages sont armés de 4 canons et de 4 mitrailleuses ; le réduit est représenté par le logement du Commandant ; c'est un pavillon composé d'un rez-de-chaussée et d'un premier étage.

Très étendue, la place de Boubah aurait besoin d'un réduit mieux organisé, et contenant le casernement et les poudres. Qu'adviendrait-il, en effet, si les indigènes profitant d'une heure de marée basse, entraient la nuit par les rivages dans la place? A marée basse, en effet, la rivière est guéable et la place n'est plus protegée sur les rives; la garnison surprise n'aurait aucun refuge.

En 1886, les Foulahs Coundas, auraient essayé d'enlever Boubah de vive force. Ils ont dû comme on le raconte, éprouver de grandes pertes.

Le *Rio-Grande de Bolola* n'est pas un fleuve ; c'est une sorte de fiord très découpé par de nombreuses criques, qui se ramifient elles-mêmes. Boubah est situé à l'extrémité d'une des nombreuses pointes formées par le fiord principal avec ses branches latérales.

Les bateaux ont à Boubah 2 à 3^{m} d'eau à marée basse. Au-delà de la pointe, les fonds diminuent beaucoup. La petite branche qui communique à Boubah avec le Rio-Grande, ne s'étend qu'à une courte distance dans les terres. Le Rio-Grande de Bolola peut être remonté à une dizaine de kilomètres au-dessus de Boubah par les pirogues : à cette distance, il finit également dans les terres. En tout cas, il n'y a aucune communication entre le Rio-Grande de Bolola et le vrai Rio-Grande, c'est-à-dire avec le fleuve qui s'appelle d'abord Kroubal jusqu'à la chute de Contabanie et que j'ai fait reconnaître par M. Galibert, puis Koliba jusqu'au gué de Mahmadou Guini, Kokoli jusqu'au gué de Dandoum, et enfin Koli dans la région de Kadé et au-delà.

Le marigot de *Guinala* est une des branches les plus importantes du Rio-Grande de Bolola, c'est sur ses rives que les premiers colons portugais vinrent s'établir. Un long marigot permet aux petites embarcations et surtout aux pirogues d'aller de Guinala à l'estuaire du Géba en face de Bissao,

Il y a deux siècles, le village Biafare de Guinala était déjà habité par un grand nombre de Portugais qui étaient généralement riches et bien logés. Ils étaient pour la plupart Fidalgues ou gentilshommes et énuméraient leurs qualités dans des titres interminables. Les premiers Portugais avaient déjà fait souche, et la population de Guinala variait en couleur du blanc au noir, en passant par toutes les nuances intermédiaires.

La présence d'un commerçant anglais, qui était marié à Sierra Leone, avec une négresse très riche, et celle d'un Mulatre Hollandais, le Signor Patricio Paresse, complétaient l'aspect étrange de cette petite colonie, perdue il y a deux siècles dans ce pays des plus sauvages.

Le roi des Biaffares demeurait à une lieue de cette ville, la résidence royale était située sur le Marigot qui met en communication le Géba et le Rio-Grande de Guinala.

Toute cette région est couverte d'arbres magnifiques, et les Portugais, depuis les temps les plus reculés de leur occupation, utilisent ces bois pour les constructions maritimes. Au 17e siècle, ils construisaient sur les chantiers voisins de Guinala des bâtiments de 100 tonneaux et se servaient de l'arbre qu'ils nomment *Mancôme* (arbre d'eau rouge) *Erythrophlæum d'Afzélius*) qu'ils apprécient tout particulièrement à cause de la durée et de l'incorruptibilité de son bois.

Dans le courant du siècle, les gouverneurs de Bissao se désintéressèrent du Rio-Grande ; réduits à leurs propres ressources, ils avaient d'ailleurs bien de la peine à se maintenir même dans la forteresse ruinée de l'estuaire du Géba. Aussi, les commerçants étrangers arboraient-ils dans le Rio-Grande le pavillon de leur nationalité, sans que le gouvernement Portugais songeât à protester.

C'est ainsi, que pendant longtemps, à Bissasma, en face de Boulam, on vit un mulâtre du nom de David Lawrence conserver sur son habitation le pavillon Anglais, et donner asile aux esclaves Portugais.

Ce David Lawrence ayant eu des démêlés avec un de ses voisins, un Portugais nommé Martinho, le gouverneur de Bissao, Zogallo, fut appelé au secours de ce dernier et se contenta d'arranger officieusement le différend.

Les maisons de commerce françaises s'étant peu à peu emparées du Rio-Grande, le gouverneur Laprade résolut de seconder leurs efforts, et s'autorisant du désintéressement du gouvernement Portugais, invita en 1867 l'agent consulaire de France à Bissao, à conclure des traités avec les divers chefs du Rio-Grande, qui n'avaient aucune relation politique avec les Portugais.

M. Demay, français marié dans le pays, et possesseur dans le Rio-Grande de Bolola d'une propriété appelée Mont-Napoléon, fut chargé de passer ces contrats ; mais le gouverneur Laprade, ayant changé d'avis, ne crut pas devoir les ratifier.

Boubah est considéré comme le poste le plus sain de la Guinée. Nous sommes assez disposés à accepter cette assertion, car, quoique la marée découvre les berges du Rio-Grande, dans la région de Boubah, le retrait des eaux ne peut donner naissance à des exhalaisons palustres. A la hauteur de ce poste, en effet, le fond de Rio-Grande est rocheux et sablonneux et il n'y a pas d'apport d'alluvions. D'ailleurs d'une façon générale, le Rio-Grande de Bolola est sain. L'établissement de *Bambaïa*, propriété d'une maison française, et situé sur une pointe à l'entrée de ce vaste fiord, devant l'île de Boulam, est réputé à juste raison comme un des points les plus sains et les plus frais de la côte d'Afrique.

A Boubah, on peut se baigner en toute sécurité, les requins ne remontent pas aussi haut, et les sauriens ne s'y rencontrent pas, puisque l'eau est très salée.

A son embouchure, le Rio-Grande est profond ; les fonds sont irréguliers, mais ne sont jamais inférieurs à 13^{m} ; leur nature dominante est la vase. A plus de 10 milles de l'embouchure il y a encore 9 à 10^{m}. Les berges du fleuve sont légèrement escarpées, garnies de palétuviers à leur pied, et rendues inabordables en plusieurs points à mer basse, par des bancs de vase molle assis sur des plateaux de roches ferrugineuses, dont on aperçoit çà et là les sommets. Un peu au-delà des rives, s'élèvent des petites collines dépouillées dans beaucoup d'endroits de leur riche végétation, soit par des abatis considérables de bois, marchandise exploitée par le commerce du fleuve, soit par le feu mis dans les hautes herbes lorsqu'on prépare la terre pour la culture.

On ne voit aucun village sur les bords même du Rio-Grande, car ils sont tous à l'intérieur dans les criques; l'on aperçoit seulement sur les petits promontoires des factoreries où des comptoirs florissants naguère, aujourd'hui ruinés et abandonnés. Cette décadence date de 15 ans à peine, époque à laquelle le Gouvernement Portugais a définitivement pris possession de la rivière et occupé militairement Boubah.

Toutes les terres qui avoisinent et bordent le Rio-Grande, ont été cultivées autrefois; toutefois, ce bras de mer n'est ni aussi riche, ni aussi peuplé que le Rio-Geba. La décadence a plusieurs causes :

1° La concurrence de l'Inde qui inonde les marchés d'Europe de quantités considérables de graines oléagineuses;

2° La façon peu intelligente avec laquelle les noirs font leur culture; ils semblent, en effet, ignorer que la terre se fatigue et ne donne plus après un certain temps un produit aussi beau; aussi l'arachide des Bissagos est-il coté sur nos marchés à bas prix, comme qualité inférieure. A ces causes fâcheuses s'ajoutent les droits fonciers, car les terres furent frappées en 1880 par la métropole, sous le ministère du vicomte de San Januciro (impôt prédial rural).

Enfin, par suite du manque de protection, les maisons de commerce durent abandonner les propriétés qu'elles avaient laborieusement créées. La situation était en effet intenable pour les agents; en 1882, dans la région de Bolola, un représentant de la maison Blanchard, qui avait voulu conserver la propriété qu'il gérait, fut attaqué par les Foulahs qui le tuèrent, et pillèrent l'établissement. Depuis cette époque, aucun cultivateur n'a plus voulu continuer à gérer les cultures de cette région.

Le poste de Boubah n'a plus aujourd'hui qu'un intérêt militaire et politique, il maintient, en effet, l'équilibre entre les Biaffades, et les Foulah-Coundas du Foréah.

Ces derniers dont j'ai vu à plusieurs reprises l'armée sur pied de guerre, et à l'effectif de 8 à 900 hommes, sont d'anciens captifs des Foulahs. A la suite de conflits avec la race conquérante, ils ont su reprendre sinon leur indépendance tout au moins une certaine autonomie. Actuellement ils reconnaissent la Suzeraineté du roi de Kadé, qui lui-même est un des grands feudataires du *Fouta-Djallon*.

Les Foulah-Coundas, gens pauvres et guerriers ne pouvant assurer leur indépendance qu'au prix de la conquête d'un territoire hors du Fouta-Djallon, se lancèrent en 1852 sur le Foréah, qui était aux mains des Biaffades, et sous la conduite de leur roi Bakary Demba, les refoulèrent vers les marais de la côte et au-delà du Rio-Grande de Bolola ; puis toujours en quête de territoires, ils bousculèrent les Nalous sur le Combidiah. Aussi aujourd'hui ont-ils pied sur le Cogon à Kandiafara, sur le Cassini dans le voisinage des sources, et sur le Combidiah. La capitale de leur roi est établie à Bolola, à quelques kilomètres du poste portugais de Boubah.

Grisé par ses succès, *Bakary-Demba* voulut se rendre indépendant du *Fouta-Djallon*. Mais ses prétentions portèrent ombrage aux Almamys, pour lesquels le Foréah ouvre une des meilleures routes de la côte ; aussi *Alpha Ibrahim* envoya-t-il une armée dans ce pays, et le roi, ainsi que son frère *Doura* et tous leurs enfants, furent assassinés de la main même de Mody-Yaya, roi de Kadé, qui était l'exécuteur de cette politique barbare. Ce prince se rendit ensuite à *Boubah* auprès des Portugais ; et sur la demande expresse de ces derniers il nomma Mahmadou Paté, roi du Foréah.

Les Portugais s'engageaient de leur côté à reconnaître l'état de choses existant entre les Foulahs et les Biaffades, c'est-à-dire la prise de possession du Foréah par les Foulahs ; ils promettaient également d'assurer la paix en donnant le concours de leurs troupes à celui qui serait attaqué.

Le Foulah-Counda est généralement mince et de taille élevée ; il a bien l'aspect d'un guerrier ; jamais il ne fait un pas hors de sa case, sans être armé de son fusil et de son sabre. Il est industrieux et bon agriculteur. Mais la culture est malheureusement très délaissée dans le Foréah à cause de l'état de guerre incessant qui existe entre les Foulahs, les Biaffades et les Nalous ; ce pays était cependant autrefois bien cultivé. Les Biaffades récoltaient beaucoup d'arachides et le Rio-Grande en exportait d'immenses quantités. Il faut espérer, qu'avec une paix durable, les Foulahs pourront ramener le bien-être que possédaient leurs prédécesseurs. Aujourd'hui qu'ils sont possesseurs d'un sol fertile, les Foulahs seraient d'ailleurs très disposés à s'adonner à des travaux paisibles ; mais leur situation de conquérants leur crée des devoirs. Ils sont toujours sous les armes, obligés de repousser les continuelles attaques des Biaffades qui espèrent encore rentrer en possession de la terre qu'ils n'ont pas su défendre.

Les Foulah-Coundas ont à repousser les attaques des Biaffades de deux côtés différents. A l'Ouest, ceux-ci sont retranchés entre le Tombaly et le Rio-Grande de Bolola. Ils se sont augmentés de nombreuses fractions de Nalous et de Bagas dépossédés comme eux.

Actuellement la place de Boubah assure le maintien du *statu quo* entre les Biaffades et les Foulahs, en mettant un arrêt à l'expansion de ces derniers dans le Nord-Ouest. Malheureusement le commerce continue à souffrir de la situation politique qui ferme Boubah aux transactions commerciales avec le Foréah ; c'est ce qui s'explique en partie la ruine du commerce dans le Rio-Grande de Bolola.

Le Cassini.

Du Rio-Grande de Bolola à la pointe Cajet où vient aboutir la frontière Franco-Portugaise, la côte est bordée d'une série d'Iles et de bancs de vases. Plusieurs rivières qui descendent du Foréah viennent déboucher sur cette côte basse et marécageuse. Le Tombali et le Combidiah sont les principales, elles servent de collecteurs aux nombreux ruisseaux qui sillonnent en tous sens le Foréah : le Combidiah est susceptible d'être remonté par les embarcations du commerce, mais la navigation est fort périlleuse à cause des roches qui émergent de son chenal peu profond. Ces rivières traversent des forêts sauvages et giboyeuses.

Le Cassini que nous citerons en dernier lieu est plutôt un estuaire du genre du Rio-Grande de Bolola qu'une rivière dans le vrai sens du mot. Le Cassini fut découvert en 1857 par M. le Lieutenant de vaisseau Vallon, capitaine de l'aviso à vapeur le *Dialmath*.

On ne possédait alors aucune donnée certaine sur la position de cette rivière. Après de laborieux tâtonnements, le *Diamath* reconnut la passe qui lui permit d'entrer dans un magnifique estuaire où il put mouiller par 14 mètres de fond. La profondeur de ce large canal, et la force du courant firent supposer que le Cassini était un grand fleuve descendant du Fouta-Djallon.

Il n'en est rien, ainsi que l'a pu constater mon compagnon et ami M. le Lieutenant Clerc, que j'avais chargé de reconnaître le cours de

4

cette rivière, et qui a eu l'honneur d'en déterminer les sources. Les rives du Cassini sont bordées d'une imposante végétation, et très riches en bois de construction et d'ébénisterie, dont l'exploitation à pied d'œuvre, est facile.

La rivière offre à la traite de l'huile des amandes de palme, la gomme copale, la cire, l'ivoire et de grandes quantités d'arachides, que les Nalous, ses habitants exportent en pirogue dans le Rio-Nunez. La Pointe Pampaïre abrite de belles salines qui fournissent en abondance le sel, cette précieuse marchandise pour les caravanes de l'intérieur.

Les rives du Cassini ne sont pas encaissées par des rideaux de mangliers, et son bassin est visité chaque jour par les brises du large, souvent très fraîches. Partout ou à peu près, on débarque à haute mer, sur des plages de sable ou sur des roches, la pêche y est abondante, le gibier fourmille dans les bois; les panthères et les éléphants sont communs dans les forêts de la rive droite.

On voit encore dans le Cassini les ruines de trois factoreries où fonctionnaient des faux monnayeurs, quand le *Dialmath* apparu tinopinément dans la rivière en 1857. Il y a encore sur la rive gauche quelques villages dont l'un encore, celui de Cassini, donne son nom à la rivière, il est situé près d'une charmante fontaine, dans un bois où des bandes de singes se promènent en maîtres. Actuellement il existe dans le haut Cassini deux factoreries, tenues par des traitants indigènes, celles de Mahmadou Guidou et d'Ahmadou, M. Clerc les a visitées pendant son exploration de cette rivière (1).

Le Cassini fait partie du territoire des Nalous dont les limites s'étendent au Nord jusqu'au Tombali. Le Lieutenant de vaisseau Vallon avait signé en 1857, un traité de protectorat avec le roi Youra-Towel auquel succéda le roi Dinah Sallifou en 1884.

Dans la convention relative à la frontière Franco-Portugaise, la cession du Cassini a été faite aux Portugais en échange de Zighinchor sur la Casamance. Le pays des Nalous est donc aujourd'hui en partie portugais et français. Les Nalous qui se maintiennent encore sur le Cassini sont en lutte perpétuelle avec les Foulahs-Coundas; tout est prétexte à ces derniers pour engager les hostilités.

---

(1) Voir le *Tour du Monde*, livraisons 1467-1468-1469, Hachette et Cie, boulevard St-Germain, Paris.

Au moment de mon arrivée sur les territoires du Cassini, cinq villages Nalous venaient d'être mis à feu et à sang par Bacari-Lombi, chef militaire du Foréah ; le prétexte était des plus futiles. Bacari-Lombi s'était emparé de vive force d'une jeune esclave Nalou, et celle-ci étant retournée dans son pays d'origine, ses premiers maîtres s'était refusés à la restituer.

Pour mettre obstacle aux empiètements de Bacari-Lombi, Dinah a confié la garde du Cassini à son frère Sayon (presque un Européen aux yeux du roi, car cet indigène a été élevé en Belgique dans une pension anglaise, parle le français, et connaît surtout la langue anglaise qu'il écrit correctement). Je possède plusieurs lettres écrites de sa main qui en font foi. Malheureusement, sans volonté, sans courage et manifestement ivrogne, Sayon manque complètement de prestige, et si Dinah peut sans arrière-pensée pour sa sécurité personnelle lui confier des guerriers, il est peu probable qu'il les conduise jamais à la victoire.

Conclusions relatives à la Guinée Portugaise.

J'ai fait remarquer dans cette étude que la Guinée Portugaise était circonscrite par les territoires français ou de protectorat français. Cette colonie n'est donc pas susceptible de s'agrandir, et elle ne peut davantage s'ouvrir des débouchés commerciaux hors des étroites limites de son territoire. Aussi, l'importance de cette possession ne peut-elle justifier en aucune façon le luxe de son érection en colonie autonome, et malgré l'introduction d'impôts écrasants il sera toujours impossible d'équilibrer les recettes et les dépenses.

Le déficit qui augmente d'année en année, se chiffre actuellement par plusieurs centaines de mille francs ; il ne pourra qu'augmenter dans les années futures, car les transactions commerciales se réduisent de jour en jour, suivant une progression alarmante.

La situation actuelle si fâcheuse en elle-même, provoque de toutes parts mécontentement et malaise, et rend l'action politique chaque jour plus difficile. Aussi, loin de pouvoir songer à réduire les frais militaires de l'occupation, frais qui grèvent pour une large part le Budget des dépenses, les Portugais seront plutôt rationnellement conduits à les augmenter, s'ils veulent rester en mesure de sauvegarder leur prestige et l'honneur du pavillon.

S'il n'est point apporté de remède à la situation actuelle, le déficit qui atteint dès maintenant plusieurs millions, dépassera dix millions avant la fin du siècle. A cette époque il n'y aura plus vestige de commerce en Guinée, les populations de cette colonie s'approvisionneront sur nos marchés voisins qu'elles alimenteront de leurs produits, double opération qu'elles feront d'ailleurs tout à leur aise, car la douane ne peut en aucune façon assurer la surveillance des frontières.

Il nous est impossible de supposer que les multiples déceptions causées par l'application du régime actuel, dans l'ancienne possession des Bissagos, n'aient point déjà éveillé l'attention des économistes, et rien ne nous étonnerait moins que de voir les hommes d'État et le Gouvernement Portugais prendre l'initiative de réformes propres à remédier à la situation actuelle.

Quel sera le remède ?

A première vue il semblerait simple et sage de remettre les choses dans l'état où elles étaient avant 1870, c'est-à-dire à restituer la Guinée au Gouvernement des Iles du Cap-Vert, ce qui supprimerait tout au moins les rouages administratifs créés de toutes pièces dans ces dernières années. Une pareille mesure serait de nature à réduire les frais, mais le déficit serait encore considérable, si la retraite des fonctionnaires n'était pas suivie de celle des troupes et de leur nombreux état-major.

Pour obtenir un avantage économique, et arrêter les frais, il faudrait donc tout à la fois libérer la Guinée des dépenses administratives et militaires. Cette détermination qui équivaudrait à une évacuation totale, serait l'indice d'une remarquable sagesse, s'il était possible de la prendre, car un peuple est rarement enclin à abandonner ses entreprises, même quand il les sait ruineuses. Malheureusement l'évacuation pure et simple n'est pas praticable en Guinée, car la situation politique y a été tellement bouleversée pendant ces dernières années, que toutes les peuplades sont tenues en haleine par les incessantes tentatives de guerre dirigées contre elles. Aussi, le jour où s'embarqueraient les troupes Portugaises, un immense cri de guerre retentirait de toutes parts, les établissements commerciaux, les comptoirs, seraient envahis en quelques heures, l'incendie, le meurtre et la ruine réduiraient à néant tout ce qui pouvait constituer l'espoir d'une colonie naissante.

Le lendemain les lourdes indemnités que les puissances réclameraient au nom de leurs nationaux, augmenteraient d'une nouvelle dette le déficit déjà si lourd de cette entreprise coloniale.

J'ai une trop haute idée du sentiment d'honneur national du peuple Portugais, pour supposer un seul instant qu'il puisse être conduit à prendre une semblable détermination, s'il en prévoit les conséquences, mais aussi, considérant que la noblesse de son caractère ne saurait lui enlever le droit à s'alléger des charges qui lui incombent en Guinée, je suis conduit à examiner cette autre solution qui consisterait, par suite d'un commun accord réglé à l'amiable, à céder la main à une autre puissance qui accepterait à ses risques et périls la situation actuelle et les charges qui lui incombent.

Grâce à la puissance bien établie qu'elle possède tant au Sénégal que dans les territoires voisins de la colonie Portugaise, et aux puissants moyens d'action qu'elle peut mettre en œuvre, la France seule, si elle y était invitée, serait en situation de reprendre en Guinée l'œuvre du Portugal. Elle seule, grâce à l'organisation militaire de ses forces indigènes du Sénégal, pourrait accepter de remplacer après leur retraite les troupes Portugaises, et pourrait s'imposer la pénible mission de tenir les postes malsains dont l'occupation contribue à contenir les populations. Un développement de forces relativement considérables serait en outre nécessaire, pour permettre à de sages administrateurs de rétablir peu à peu le calme et la paix, et leur assurer la possibilité de prendre des mesures susceptibles de rendre la confiance au commerce, et le bien-être aux habitants.

Actuellement, la question que nous abordons dans ces conclusions est posée devant l'opinion; peut-être ne s'écoulera-t-il pas un long délai, surtout si l'état des finances du royaume ne s'améliore pas, pour qu'elle soit traitée sur le terrain diplomatiqne, car les pouvoirs publics seront peut-être amenés à envisager la question d'une aliénation partielle du domaine colonial. Ne serais-ce point à la Guinée qu'il y aurait lieu de songer tout d'abord, cette possession étant la plus onéreuse?

Il est vrai que dans la constitution du royaume la charte constitutionnelle du 29 avril 1826 porte en termes exprès que « le territoire du Royaume du Portugal et des Algarves comprend dans l'Afrique occidentale Bissau et Cacheu ». Aussi, ces possessions nous sembleraient-elles inaliénables à moins d'altération de la charte, si nous ne savions d'autre part, qu'il y a eu un précédent lors du traité conclu en 1884 avec l'Angleterre, par lequel le Portugal faisait abandon du fort de

St-Jean-Baptiste d'Ayuda qui est aussi visé par la charte, et obtenait en retour une compensation sur la côte occidentale d'Afrique.

Ce précédent établit donc que les prescriptions de la charte ne constituent pas un obstacle insurmontable à un arrangement portant cession du territoire national, si cet arrangement assure d'autre part, une compensation avantageuse au pays.

DEUXIÈME PARTIE.

LES POSSESSIONS FRANÇAISES VOISINES

CHAPITRE Ier.

La Casamance. — Carabane. — Zighinchor. — Sedhiou. — Peuplades de la Casamance. — Bois de la Casamance.

La Casamance.

La Guinée portugaise est limitée au nord par les territoires français de la Casamance; au sud, sa frontière est tracée sur les territoires compris entre le Rio Grande et le Rio Compony.

Cette dernière rivière n'étant pas occupée d'une façon effective, nous la considérerons comme une dépendance de sa voisine le Rio Nunez.

Dans la région est, la ligne frontière, purement conventionnelle, se confond avec le 16e méridien.

Nous parlerons plus spécialement des régions, confinant aux frontières du Nord et du Sud, qui sont de nature à nous intéresser plus directement, car notre influence politique y est fortement assise, et ne tardera pas à y devenir prépondérante.

La Casamance appartient au groupe des rivières Saloum, Gambie et Casamance. Par opposition au groupe des rivières françaises situées entre la Guinée et Sierra Léone et qui sont à proprement parler *les rivières du Sud du Sénégal*, on pourrait appeler le premier groupe situé au nord do la Guinée, *les rivières du Nord du Sénégal*.

Parcourant un pays d'alluvions, la *Casamance* a des largeurs très diverses. Jusqu'à hauteur de *Sedhiou*, elles varient de 1 à 3 milles. Les rives, jusqu'à une certaine distauce de l'embouchure, sont constituées d'îles basses, sillonnées de marigots ; elles s'abaissent à mesure qu'on remonte la rivière, et sont alors bordées d'épais mangliers et de bancs de vase très étendus qui rendent le débarquement et l'embarquement à peu près impossibles. Elles sont souvent aménagées en rizières, et en arrière poussent des forêts impénétrables.

Sur le parcours du fleuve qu'ils peuvent remonter, les grands navires ne rencontrent qu'une escale digne de ce nom. C'est celle de *Zighinchor*. Ils y trouvent un fond de 7 mètres à quai. En amont de ce mouillage, les navires calant 3 mètres peuvent remonter jusqu'à la pointe *Piedras*. Avec un tirant de 2 mètres, ils peuvent atteindre Sedhiou à 170 kilomètres de l'embouchure. Au-dessus de ce poste, des embarcations ne calant que $0^m,90^c$ ou 1 mètre peuvent remonter à quelques milles au-delà de *Diannah*. De ce point aux sources, la distance ne peut être franchie que par des pirogues ou par des canots à fond plat.

Le cours de la Casamance est entièrement sur fond de vase et de sable ; à la pointe Piedras seulement, le fond est formé de récifs.

La marée se fait sentir jusqu'à Sedhiou, et facilite la navigation des côtres et goëlettes de l'île de Gorée, qui, à l'exception de quelques caboteurs anglais, chargés de noix de Colas, fréquentent seuls ce fleuve.

Un vapeur se rend en 12 heures de l'embouchure du fleuve à Sedhiou, les voiliers mettent 3 jours. Le principal affluent de la Casamance, le *Songrogou* est praticable jusqu'à *Tabour* pour les petits côtres ou chalands calant 0 m. 80.

A la pointe *St-Georges*, dont la beauté est remarquable, des pêcheurs ont installé leur village à l'ombre d'une merveilleuse forêt de palmiers. La chefesse et propriétaire du village est une mulatresse de Gorée, mariée à un fonctionnaire français.

D'*Adéane* à *Diannah*, les deux rives sont bordées d'une luxuriante végétation et d'arbres gigantesques, principalement à *Yatacounda*, au marigot de *Simbadi*, où les seules éclaircies que l'on rencontre sont occupées par des villages.

A *Adéane*, *Nyéné*, *Malifara*, *Sedhiou*, apparaissent des collines boisées qui bornent l'horizon.

Carabane.

L'île de Carabane fut occupée en 1836; la France avait d'abord acquis en 1828, l'île de *Djogué*, à l'entrée du fleuve (rive droite), et les terres nécessaires à l'établissement d'un comptoir qui n'a jamais été construit chez les *Foulouns de Brin*.

Tous les navires qui entrent dans la Casamance, s'arrêtent à Carabane où la douane est installée.

Du mouillage, l'aspect est fort pittoresque; à gauche un bel établissement appartenant à la maison Maurel et Prom, et un warf qui permet aux petites embarcations d'accoster; quelques beaux benténiers bordent cette partie de la rive; au-delà se profilent la maison d'école du père missionnaire et la chapelle en planches qui y est attenante. Ces constructions sont en très mauvais état, mais vues du large, elles se présentent bien. Dans le voisinage de ces édifices, quelques habitations construites à l'Européenne représentent les établissements des maisons Blanchard, Maurel frères, etc.; les cases des indigènes forment le fond du tableau, et quelques bouquets de palmiers dominent tout ce décor. Plus loin, vers la droite, le poste de Carabane se signale par la blancheur éclatante de ses murs. L'intérieur de la galerie est en pleine ombre et la silhouette des arcades se détache nettement. Une allée, plantée de benténiers et de palmiers, borde le chemin qui va du poste au rivage.

On débarque les bagages sans trop de difficultés, à marée haute; les petites embarcations pouvant s'échouer sur la rive même. A marée basse, ces mêmes embarcations sont arrêtées à 300 ou 400 mètres au large par les bancs de sable; le débarquement des personnes est alors fort difficile, et celui des bagages impossible, les fonds étant mouvants et vaseux.

Pour la même raison, les navires qui font des opérations de chargement et de déchargement à Carabane, sont obligés de se tenir fort loin au large, et l'état de la mer qui est rarement calme, rend parfois le transbordement dans les embarcations fort difficile. Si la mer déferle sur le rivage, le déchargement ne peut plus se faire.

Pour apporter un remède à cette situation préjudiciable aux intérêts commerciaux, on aurait peut-être pu reporter les établissements de cette escale à la pointe St-Georges où il eût été possible de construire des appontements en eau calme et profonde.

Dans l'état actuel, les maisons de commerce se contentent, pour leur trafic de la Casamance, d'envoyer des côtres et goëlettes qui portent aux escales de Carabane et de Sedhiou les marchandises en entrepôt à Gorée. Ces mêmes embarcations rapportent les matières d'exportation. Ce mouvement incessant de petits navires est coûteux, et il n'est pas sans présenter bien des inconvénients.

Aussi, l'escale de Zighinchor, grâce à sa situation centrale au milieu de la rivière, à ses rives profondes qui permettent de mettre à quai les grands navires, à son climat relativement tempéré, est-elle appelée à un grand avenir, aujourd'hui que, grâce à notre occupation, le commerce n'a plus à payer les droits de 22/100 prélevés autrefois par les Portugais. Zighinchor deviendra un entrepôt général, car les commerçants pourront à l'avenir diriger sur la Casamance les navires d'Europe qui alimentaient leurs magasins de Gorée.

L'île de Carabane est élevée d'un demi-mètre à peine au-dessus du niveau de la mer. C'est un banc de sable découpé par des fonds marécageux et couvert d'une maigre végétation. Derrière le poste, un vaste marais exhale des miasmes fiévreux pendant toute l'année. A la saison des pluies, l'île entière devient une sorte de lac, et il faut traverser des espaces recouverts par les eaux pour se rendre d'un point à un autre.

Un petit warf, aujourd'hui ruiné, permettait d'aborder devant le poste. Si l'on rétablit cette petite construction, qui ne serait pas sans utilité, il faudrait la pousser à 200 mètres, pour trouver à marée basse le fond nécessaire à une chaloupe. Les roniers qui sont abondants dans la rivière fourniraient les matériaux essentiels de cette construction.

L'eau de Carabane, tirée des trous creusés dans le sable, est détestable et malsaine. Pendant notre séjour, nous en faisions chercher à Elinkin.

La population de Carabane présente de tristes échantillons de la race indigène. Les éléments sont fournis par des émigrants venus des pays voisins ; la majeure partie est Yolas. Ces noirs s'enivrent de vin de palme et d'eau-de-vie, et subissent l'influence néfaste des sorciers et sorcières.

Un révérend père, vieillard vénérable, s'est consacré à l'éducation de quelques orphelins qu'il élève, et à celle de quelques enfants du village. Sa mission est des plus ingrates ; cependant, cet excellent homme, depuis quelques années qu'il occupe son poste, a su obtenir quelques bons résultats.

Le poste de Carabane servait de résidence à l'administrateur de la basse Casamance. M. Ly, d'origine sénégalaise, était le titulaire en fonctions au moment de notre passage. Il nous installa au poste, se montra très dévoué, et nous seconda de son mieux dans l'accomplissement de notre mission.

Deux douaniers représentent la douane à Carabane. Le poste étant occupé par l'Administrateur, ces deux Européens sont installés dans une petite pièce au rez-de-chaussée. Ils sont dans des conditions d'hygiène déplorables. Nous souhaitons que le siège de l'Administrateur de Casamance soit reporté à Zighinchor, et que le poste de Carabane soit exclusivement consacré à la douane. Les Européens pourront occuper les quatre pièces du premier, seules habitables, et les auxiliaires indigènes pourront disposer de tout le rez-de-chaussée.

La garnison de six hommes, qui était autrefois à Carabane, a été retirée, ainsi que la pièce de canon qui armait le poste.

Il ne reste donc plus que l'Administrateur, les deux douaniers et les deux pilotes, ainsi que quelques laptots pour la yole de l'Administrateur et celle de la douane.

Zighinchor.

Zighinchor est situé sur le bord même de la Casamance.

Le 18 mai 1888, quand je vins prendre possession de cette petite ville, elle comprenait une centaine d'habitations très vastes, serrées et enfermées dans une tapade en mauvais état.

A l'extrémité occidentale se dressait le mât de pavillon où flottaient quelques jours auparavant les couleurs portugaises ; l'église est située en arrière sur une sorte de tertre, et devant le portail se dresse une croix en pierre.

A l'extrémité orientale, un warf à demi ruiné permet d'aborder par 7 mètres d'eau ; tout auprès, un hangar long de 50 mètres, et recouvert de tuiles rouges, attire plus particulièrement le regard. C'est un magasin de la maison Maurel frères.

A Zighinchor, les habitations confortables sont rares ; c'est tout au plus si l'on rencontre trois ou quatre maisons de traitants bâties à l'Européenne ; les autres habitations sont des cases assez élevées, de forme quadrangulaire ou rectangulaire de 25 mètres de côté, dont les murs sont en pisé et la toiture en paille. Ces habitations sont bien conformes à l'esprit de la population gourmette. Ce ne sont plus des cases, ce ne sont pas encore des maisons.

Il existe autour de la ville, et sur une étendue considérable, des champs de riz ; ils sont bien dessinés, bien entretenus et témoignent de la civilisation et de l'activité relatives de la population.

La fontaine de *Boucote* où les habitants vont puiser une eau excellente, se trouve à 500 mètres de la ville, à l'entrée d'une forêt de palmiers merveilleusement belle. C'est l'épanouissement de la végétation tropicale dans toute sa splendeur.

L'occupation de Zighinchor règle la question de la possession de la Casamance, qui devient en fait une rivière française. Nous possédons, en outre, comme nous l'avons fait observer précédemment, la seule escale favorable au chargement des grands navires.

Les vapeurs peuvent en effet remonter en pleine charge jusqu'à Zighinchor. Ils accosteront aux appontements par 6 et 7 mètres d'eau. Cette situation éminemment favorable, attirait depuis longtemps l'attention des commerçants, qui créent dès maintenant des entrepôts généraux. Avant la prise de possession de l'escale portugaise, les vapeurs venant d'Europe déchargeaient leur cargaison à Gorée, où ils prenaient les produits de la Casamance, apportés par un va-et-vient incessant de côtres et de goëlettes. Dorénavant ces vapeurs viendront directement aux appontements de Zighinchor. Il en résultera une grosse économie de transport, surtout pour les arachides.

Malgré l'entrave mise à l'initiative privée par les droits de douane et les abonnements de 800 à 1200 francs exigés des maisons de commerce, le trafic qui se faisait sur la place même avait encore une certaine importance. Les achats pour l'exportation s'élevaient, en effet, à une centaine de mille francs ainsi répartis :

200,000 kil.	de riz.............	à 0,16 c.	le kil....	30,000 fr.
40,000 »	de sel.............	à 0,09	»	3,750 »
50,000 »	de palmistes......	à 0,25	»	12,000 »
15,000 »	de cire............	à 1,80	»	27,000 »
12,000 »	de mil.............	à 0,25	»	3,200 »
6,000 »	de caoutchouc......	à 4,00	»	24,000 »
2,500 »	de caoutchouc......	à 2,50	»	7,000 »
				100,000 fr.

En outre, les achats faits par les petits traitants de Zighinchor dans la zone d'action de la place pouvaient être évalués à 200,000 fr.

Le commerce prendra beaucoup plus d'extension, quand les grandes maisons se feront représenter directement.

Actuellement les opérations commerciales sont faites par quelques agents sans crédit qui opèrent pour leur propre compte ; aussi, sont-ils obligés d'acheter en détail aux grandes maisons, des marchandises qui leur sont livrées à des prix tels qu'il leur est à peu près impossible d'obtenir aucun bénéfice. C'est ce qui explique que le plus souvent, ils refusent l'offre, ne pouvant accepter le cours du vendeur qui se base lui-même sur les prix ayant cours partout ailleurs dans la rivière.

Le commerce du caoutchouc et des palmistes se développera beaucoup, car ces deux produits sont très abondants dans les forêts voisines.

La population du Zighinchor est d'environ 1000 habitants ; celle des villages environnants peut être évaluée à 2000.

Tous ces indigènes se livrent avec ardeur et avec goût, à l'agriculture ; les Feloupes qui habitent les villages voisins appartiennent à la race des grands cultivateurs des rivières du sud. Tous ces gens sont doux, faciles à gouverner ; aussi, comprennent-ils l'utilité de notre protection, et sont-ils animés des meilleures dispositions à notre égard.

La forêt située à 500 mètres en arrière de Zighinchor, se prête admirablement à la création de constructions et jardins. Il suffit de débroussailler entre les palmiers qui procurent l'ombre, la fraîcheur, et assurent, en outre, aux habitants les ressources essentielles à leur existence, vin, huile, tissus, etc., etc.

L'eau potable s'y rencontre partout à 2 ou 3 mètres, et le sol, sablonneux, perméable et légèrement ondulé, est favorable à l'infiltration et à l'écoulement des eaux pendant la saison des pluies. Aussi, en choisissant avec discernement certains dos de terrain, pourrait-on élever des constructions dans de bonnes conditions.

C'est un avantage précieux, car, resserrée au milieu de ses rizières, la petite ville de Zighinchor étouffe dans ses limites actuelles, et l'Administration aura à prendre l'initiative de la création d'une nouvelle ville dans laquelle pourront s'établir les habitants qui font aujourd'hui argent de leurs maisons actuelles en faveur des commerçants.

Tout le Zighinchor actuel, est en effet appelé à se transformer en établissements de commerce, et les habitants, dans le déplacement qu'il s'imposeront, devront être encouragés à construire une ville nouvelle sur ces terrains avoisinant les sources à 500 mètres en arrière de la ville actuelle.

Grâce à la brise de la mer qui se fait sentir régulièrement chaque jour, le climat est relativement doux. On peut lui accorder une réputation de salubrité, car les seuls Français qui aient fait souche dans la Casamance, et peut-être dans les rivières du Sud, sont ceux qui se sont établis sur ce point. Il y a actuellement une famille de mulâtres français qui compte à notre connaissance 19 membres. Ce sont les enfants de M. *Chambas*, un Français qui venait de mourir quelques mois avant notre arrivée, pendant un voyage à Sedhiou. Ce commerçant, ancien soldat d'infanterie de marine, a vécu 27 ans à Zighinchor. Sa maison de commerce est aujourd'hui dirigée par un Français marié à l'une de ses filles.

Nous avons pu constater, que les employés des maisons de commerce de Sedhiou viennent en villégiature à Zighinchor, pour se reposer des chaleurs très fortes de la haute Casamance. Ils ne vont jamais à Carabane dont la réputation d'insalubrité très justifiée éloigne les Européens.

L'ancienne ville portugaise est une colonie ; les gens qui l'habitent se flattent d'être des Européens ; ils en recherchent les habitudes, et s'honorent d'avoir leurs usages. C'est une raison qui s'ajoute à tant d'autres pour ériger sur ce point le chef-lieu de la Casamance ; Sedhiou conservera son importance militaire, et Carabane sera le poste de douane de la rivière.

Les habitants de l'ancienne ville portugaise ont seulement des pirogues et point d'autres embarcations ; elles sont taillées d'une seule pièce dans le tronc des sterculia, et exhaussées de bordages en planches épaisses ; elles atteignent de grandes dimensions. On en voit même qui mesurent près de 20 tonneaux de jauge. Les Portugais les employaient pour le transport des marchandises qu'ils achetaient dans le bas fleuve. Ce sont, en effet, les gourmettes qui ont le monopole à peu près exclusif du commerce du riz qu'ils vont acheter sur place en échange de coton, de pagnes et de sel. Ce riz est ensuite vendu aux traitants français qui l'emportent en Gambie, à Gorée et à St-Louis.

Pendant longtemps, la traite des noirs fit la fortune du Zighinchor. Plus tard, les Portugais se contentèrent d'acheter des esclaves pour la culture des terres voisines. En 1860, la sœur du Gouverneur avait encore à elle seule une centaine d'esclaves. Aujourd'hui les gourmettes n'ont plus que les captifs strictement nécessaires à leurs besoins. A leur tour ils sont souvent victimes de la rapacité des *Feloupes Kalamontes* de la rive droite, qui, lorsqu'ils peuvent saisir quelque sujet, le vendent aux négriers *Mandingues* qui parcourent en tout temps le *Fogny*.

Quand les Français s'établirent dans la Casamance, les Portugais ne maintenaient plus dans leur escale que deux soldats noirs pour la garde du pavillon. Le service de la douane était dirigé par un directeur, et celui du culte catholique assuré par un prêtre.

Dans ces derniers temps, les Portugais avaient mis une garnison de 20 hommes, commandée par un sous-lieutenant.

La population a souvent montré à l'égard de son Gouverneur une antipathie qui s'est traduite par des actes de révolte.

Cependant, les Portugais témoignaient d'une grande tolérance, ils avaient même laissé subsister des coutumes et des usages peu admissibles sous la protection du drapeau d'une nation civilisée ; aussi, un de nos premiers actes fut-il de les supprimer. La plus coupable des coutumes qui subsistait encore, était celle du jugement du poison ; elle remontait aux mauvais jours de l'Inquisition, et avait été introduite par les moines qui accompagnaient les premiers colons envoyés du Cap-Vert par les Portugais en 1640.

A certaines époques de l'année, on faisait boire du poison aux gens soupçonnés d'être indifférents à la religion. Le chef du village (*juge du peuple*) remplissait l'office d'inquisiteur, le patient ne pouvait échapper à la mort qu'en soudoyant ses juges, mais les récalcitrants qui se refusaient à payer leur prétendue hérésie, étaient infailliblement victimes de cet odieux jugement.

Il y a dans la ville deux partis ; l'un habite le quartier Ouest (*villa fria*) ; l'autre, le côté Est (*Tabouzka*). Les discordes entre ces deux partis amènent souvent mort d'hommes.

Au XVIIe siècle, les Portugais qui sont venus en Casamance, étaient déjà établis dans le Cachéo. Ils créèrent d'abord le fort *St-Philippe*, sur le *Rio de Saral*, affluent du Cachéo ; puis ils passèrent par le *St-Domingo* dans la Casamance, et par le *Songrogou* dans le bassin de la *Gambie* Ils se fixèrent dans la Casamance à *Djami* et les grands navires portugais pénétrèrent alors dans la rivière. Ils choisirent l'escale du Zighinchor, car ils ne pouvaient remonter à Djami ; aussi cet établissement fut-il peu à peu abandonné en faveur de la nouvelle escale qui reçut en 1645 une colonie du *Cap-Vert*, et prit rapidement une importance considérable. Une garnison y fut établie, et la place fut armée ; les riches négriers de cette époque construisirent de belles habitations, et une caserne en maçonnerie fut élevée pour la garnison.

On voit encore aujourd'hui les ruines de ces établissements.

Les commerçants portugais ne connaissaient pas encore les passages du *Cajinolle* et de *Soukoudiac;* aussi, pour conserver les relations avec le Cachéo, avaient-ils établi les deux forts de Baluar-Tinha et de Baïto, sur les marigots de San Domingo et de Guidé, navigables sur une partie de leurs parcours, et séparés à leurs sources par un court espace marécageux que l'on peut franchir en quelques heures pendant la bonne saison. Les commerçants conservaient, grâce à cette route, des relations permanentes avec Santo Domingo, qui semble avoir été pendant les deux siècles derniers un entrepôt et un centre de traite considérable. Toutefois, le roi de Portugal s'étant réservé le bénéfice des droits sur la cire de la Casamance, cette marchandise ne pouvait passer dans le Cachéo qu'en payant au fort de Baïto.

Toute cette région est marécageuse et malsaine, aussi les Portugais renoncèrent-ils à l'occupation des postes établis à Baluar-Tinha et à Baïto, et Santo Domingo qui est situé à une dizaine de kilomètres de Guinguin,résidence royale du roi des Bagnouns, ne tarda pas à perdre de son importance, par suite des relations difficiles avec les indigènes. L'exploitation des forêts du San Domingo, se fait toutefois encore dans de bonnes conditions. Cette rivière, qui est navigable, facilite en effet le flottage des bois ; elle coule d'ailleurs au milieu d'une épaisse forêt qui forme une allée continue le long de ses rives ; aussi, peut-on choisir sur les bords même du cours d'eau, les arbres destinés à l'exportation.

Cette route du San Domingo est aujourd'hui remplacée par celle du Cajinolle qui ouvre un canal de communication aux embarcations d'un certain tonnage entre le Cachéo et la Casamance.

Le lieutenant Clerc que j'avais invité à reconnaître ce canal, constata que, sur une grande étendue de son parcours, il présente des fonds de 4 et 5 mètres qui atteignent même parfois 10 mètres ; mais dans une partie de son cours, il est étroit, bordé de mangliers, et le passage est parfois obstrué par les racines et les branches, aussi la navigation présente-t-elle quelques difficultés pour les côtres de 20 à 25 tonneaux qui pratiquent cependant régulièrement cette rivière.

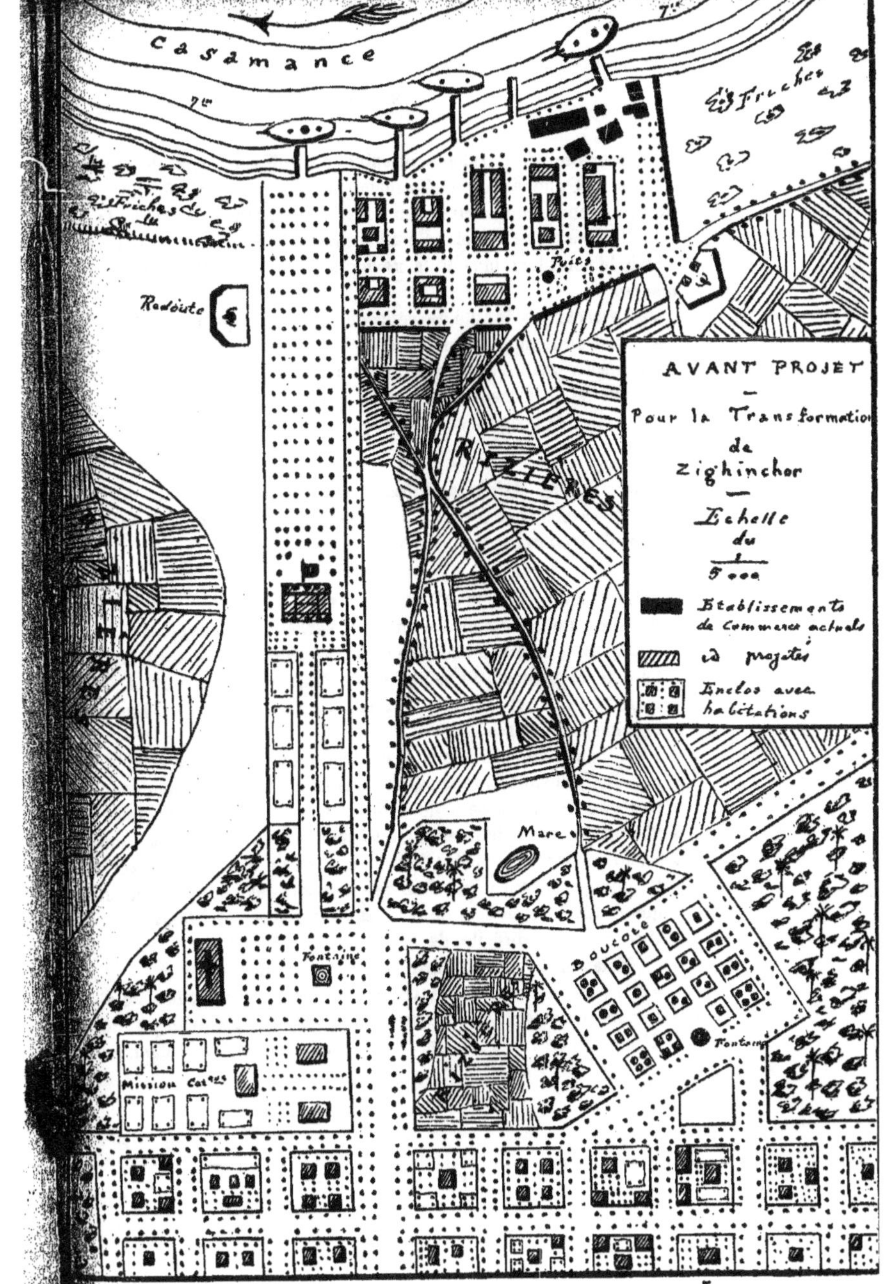

Casamance
Friches
Redoute
Puits
RIZIERES
AVANT PROJET
Pour la Transformation
de
Zighinchor
Echelle
du
1/5000
Etablissements de Commerce actuels
id projetés
Enclos avec habitations
Mare
Fontaine
BOUCOLE
Fontaine
Mission Cat^ques

5

Sedhiou.

L'occupation de Carabane fut suivie en 1837 de la prise de possession de l'île de Guimbéring. Cette même année une commission fut chargée de rechercher dans la rivière un emplacement favorable pour la création d'un poste ; elle choisit l'emplacement de Sedhiou dans le Boudhié; c'était le point terminus de la navigation des goëlettes dans la Casamance.

Je ne crois pas inutile de reproduire ici un rapport de M. Cabueil, négociant du Sénégal et membre de la Commission officielle. Ce document inédit, plein d'appréciations d'une haute justesse, fait ressortir la situation de la Casamance à cette époque déjà ancienne et permet d'apprécier les progrès réalisés depuis.

Rapport de M. Adolphe Cabueil, membre de la Commission chargée de rechercher le point le plus convenable à l'établissement d'un comptoir commercial.

« Le 14 mars 1837, je m'embarquai sur l'*Aigle d'Or*, avec les autres
» membres de la Commission, d'après l'arrêté du Gouverneur.
» Dagorne, commandant de Gorée, président ; Lombard, représen-
» tant de commerce de Saint-Louis ; Cabueil, représentant de com-
» merce de Gorée ; Cabaret, commandant de l'*Aigle d'Or* ; Raoul, chi-
» rurgien de 3e classe.
» Le lendemain 15 mars, à quatre heures de l'après-midi, nous
» mouillions devant Carabane, île dans la rivière de Casamance sur la
» rive gauche, et située à deux lieues environ de l'embouchure de ce
» fleuve. Nous profitâmes des quelques heures de jour qui nous res-
» taient encore pour visiter Carabane. Nous y fûmes reçus par les fils
» Baudin qui ont formé un établissement sur cet île depuis l'acquisition
» qui en fut faite au nom du Roi des Français par M. Malavois en 1835.
» Il serait assez difficile de déterminer le motif qui a pu engager
» M. Malavois à faire acquérir l'île de Carabane.
» Ce point ne peut convenir ni à un poste militaire, ni a un établis-
» sement commercial. Comme point militaire, Carabane ne peut
» défendre l'entrée de la Casamance, déjà fermée naturellement deux

» lieues au-dessus sur la rive gauche par la pointe de Guimbering, sur » la rive droite par la pointe de Djogué. Comme point destiné à recevoir un établissement commercial, Carabane ne présenterait aucune » des conditions exigées pour de semblables besoins. Son terrain bas » et sablonneux est en partie inondé dans la mauvaise saison, et à cette » époque, il arrive que la crue des eaux pluviales forme dans l'intérieur » de l'île des affluents qui, à la baisse des eaux, laissent à nu des dépôts » vaseux qui ne peuvent manquer de provoquer des fièvres intermittentes. A ces inconvénients déjà si graves, si redoutables pour les » Européens qui seraient placés sur Carabane, se joint le peu de ressources résultant du bas de la rivière. Les produits de la Casamance, » je veux parler du morfil, des peaux et de la cire, descendent du haut » de la rivière, et avant d'arriver à Carabane, ont déjà fait escale dans » les divers établissements portugais. A Carabane, le commerce devrait » se borner à la culture du riz ; ce produit n'est pas assez riche pour » qu'il soit possible de se borner à son exploitation.

» Aussi, la Commission a-t-elle semblé professer unanimement l'avis » que ce lieu ne devait pas être signalé comme convenable à un comptoir commercial auquel on serait dans l'intention de donner quelques » développements.

» L'eau de Carabane est assez abondante, mais elle est âpre, et sa » couleur blanchâtre annoncerait assez qu'elle contient une assez » grande dose d'alun.

» Avant de quitter Carabane, la Commission a envoyé des présents » d'assez médiocre valeur aux chefs de Cagnut, Ithie et Guimbéring, » profitant de cette occasion pour rappeler à ces chefs que les Français comptaient toujours sur les bonnes dispositions qu'ils avaient, » dans le temps, manifestées à MM. Dangler et Malavois.

» Le 16 mars à midi, nous partions de Carabane, et le même jour de » sept à huit heures, nous étions mouillés devant Zighinchor : Jean » Baudin nous accompagnait et s'était fait suivre de sa goëlette, voulant s'assurer si, malgré la présence d'un bâtiment de guerre français, le commandant portugais s'opposerait à ce que sa goëlette » dépassât Zighinchor. Il n'en fut rien.

» La matinée du 17 mars fut employée à traiter du salut. Le commandant de Zighinchor, M. Francisco Carvalho déclara d'abord qu'il ne » pouvait recevoir notre salut, sa position ne lui permettant pas de nous » le rendre sans une autorisation du commandant de Cachéo. Cepen-

» dant il s'était écoulé peu de temps lorsqu'un exprès vint annoncer de
» la part du commandant portugais que le salut serait rendu.

» M. Carvalho ayant été informé que nous venions avec la ferme
» résolution de dépasser Zighinchor, présenta à M. Cabaret une protes-
» tation, dans laquelle le commandant portugais nous accusait d'avoir
» outragé le pavillon de Dona Maria, et d'avoir, au mépris de tous les
» traités, forcé le passage du Zighinchor. Du reste, cette protestation ne
» fut accompagnée d'aucun caractère officiel, et au dire même de M. Ca-
» baret, qui refusa de la recevoir, elle n'était revêtue d'aucune signature.
» M. Carvalho voyant sans doute que cette protestation ne produisait
» pas le résultat qu'il en attendait, déclara alors qu'il ne pouvait pas
» être responsable des exactions que nous pourrions avoir à supporter
» de la part des naturels. Nous ajoutâmes à cet avis le crédit qu'il nous
» sembla bon de lui donner, et la suite nous prouva, comme nous
» l'avons bien cru, que ce n'était qu'un épouvantail qu'il avait bien
» voulu nous jeter.

» Malgré tous ces démêlés, M. Carvalho nous accueillit avec bienveil-
» lance ; nous employâmes quelques heures à visiter Zighinchor et ses
» environs.

» Zighinchor, situé sur la rive gauche de la Casamance, et à 15 heures
» de son embouchure, présente un aspect assez misérable, ayant la
» forme d'un carré long. Quelques cases de paille composent la ville
» ou pour mieux dire le village. Rien dans les habitations n'annonce
» l'aisance ; le commandant lui-même est aussi misérablement logé que
» les autres habitants. Aux quatre coins de Zighinchor s'élèvent des
» bastions bâtis en terre, et de leurs embrasures grossières sortent
» quelques canons couverts d'une rouille séculaire. Une plate-forme
» en terre élevée dans l'intérieur du bastion sert d'affût à ces inoffen-
» sives pièces. A mille pas environ de la ville, s'élève un épais rideau
» de palmiers et de diverses autres espèces d'arbres. Là se trouvent
» les fontaines qui fournissent aux besoins de la ville. L'eau est d'une
» qualité à peu près semblable à celle de Carabane.

» Le 17 mars dans l'après-midi, nous quittons Zighinchor. Dans la
» journée du 18, nous fûmes plusieurs fois arrêtés par des bancs de vase
» mouvants. Le 19, l'eau manque pour l'*Aigle d'Or*. Nous étions alors
» rendus à la pointe dite pointe Piedras. Cette pointe est située à dix
» ou douze lieues environ au-dessus de Zighinchor.

» Il ne nous restait plus qu'un moyen de continuer nos recherches.
» La goëlette de Jean Baudin qui nous avait suivis depuis notre départ

» de Carabane pouvait seule, en raison de son faible tirant d'eau, nous » porter jusqu'à Pacao qui nous avait été désigné comme le lieu de » passage des caravanes se rendant du Gabou en Gambie. Nous prîmes » donc le parti de nous jeter à bord de cette goëlette quoique pré- » voyant toute la gêne qui nous attendait à bord de ce petit navire.

» Les deux rives de la Casamance, à prendre de son embouchure à » la pointe de Piedras, sont bordées de hauts mangliers (palétuviers).

» Le 19 mars au soir, nous quittions l'*Aigle d'Or* : nous fîmes route » toute la nuit sans avoir éprouvé aucune inquiétude des peuples voi- » sins. Le 20 dans la matinée, il survint un calme plat.

» Le navire gouvernant mal, se jeta à plusieurs reprises sur des bancs » de vase, mais peu après il était remis à flot. Enfin, sur les deux » heures de l'après-midi, nous arrivâmes devant un débarcadère, sur » la rive gauche, où étaient rangées plusieurs pirogues. En peu d'ins- » tants le bord de la rivière se trouva garni d'un assez grand nombre » de nègres que nous voyions accourir par diverses clairières prati- » quées dans les bois et aboutissant toutes au lieu où se trouvaient les » pirogues. Les nègres continuaient à se rassembler, et nous étions » assez près du rivage pour remarquer l'agitation qui régnait parmi » eux. Enfin une pirogue est mise à flot et nous la voyons se diriger » vers nous, montée par un assez bon nombre de nègres. La prudence, » notre sûreté même, voulurent alors que nous fissions quelques pré- » paratifs de défense pour repousser ces nègres s'ils venaient à nous » comme agresseurs. Toutes les armes furent chargées, et les militaires » rangés sur l'arrière de la goëlette. En un clin d'œil ils eussent pu » sauter sur leurs armes que nous avions placées derrière, et recou- » vertes d'un prélart, ne voulant de notre côté annoncer aucune dispo- » sition hostile. Dans l'intervalle de temps employé à tous ces préparatifs, » la pirogue, ramant en chantant, était rendue dans les eaux de la goë- » lette, se tenant comme pour nous examiner soigneusement à une » demi-portée de pistolet de nous. Nous reconnûmes alors qu'elle » était armée par 14 nègres, mais sans armes apparentes, si ce n'était » quelques poignards à la ceinture de plusieurs d'entr'eux. Quelques » instants se passèrent ainsi à s'observer des deux côtés ; enfin, nous » crûmes que nous pouvions sans danger les faire accoster. L'inter- » prète que nous avions pris à Zighinchor leur transmit cette invita- » tion. Ils montèrent aussitôt à bord, et nous pûmes apercevoir au fond » de la pirogue une douzaine de fusils que nous n'avions pu distinguer » d'abord. Ils laissèrent d'eux-mêmes leurs fusils dans la pirogue.

» Après quelques pourparlers qui n'annonçaient de leur part aucune
» intention hostile, il nous annoncèrent que, de mémoire d'homme, il
» n'était venu dans cette partie de la rivière d'autre embarcation que
» des pirogues et que nous voyant à chaque instant nous jeter sur des
» bancs, ils avaient pensé que notre navire venait de la grande mer et
» qu'il s'était égaré dans ces parages. Au dire de notre interprète, nous
» avons dû penser que les chants qu'ils faisaient entendre en se diri-
» geant vers notre goëlette n'étaient autres que des cris de joie que
» que leur dictait la vue d'une proie dont ils se croyaient assurés. Et
» si quelque chose contribua à les désabuser à ce sujet, ce n'est pas le
» but de notre voyage que nous leur faisions connaître, ce n'est pas non
» plus le nom des chefs du village de Sédhiou que nous répétions à
» diverses reprises, voulant leur faire comprendre par là qu'ils ne
» devaient pas s'étonner de notre présence dans cette rivière, c'est
» plutôt notre nombre d'hommes qu'ils reconnurent en état de leur
» résister avec avantage, car nos douze soldats nous avaient suivis sur
» la goëlette. Cette visite commençant à trop se prolonger, nous pen-
» sâmes que le meilleur moyen de congédier cette pirogue était de
» faire quelques petits présents. L'expédient réussit complètement, et,
» munis de quelques petits paquets de verroteries, d'un peu de tabac
» et d'eau-de-vie, ces importuns personnages nous laissèrent continuer
» notre route. Nous apprîmes à Sédhiou que le village d'où sortaient
» ces nègres se nommait N'Denguevare (N'Dieugabart). Il est situé sur
» la rive gauche, à une lieue et demie de Sédhiou.

» Le 20, à cinq heures du soir, nous étions mouillés devant Sédhiou.
» Le soir même, M. Baudin fut à terre, et revint en nous annonçant que
» les chefs de Sédhiou étaient disposés à nous accueillir amicalement.

» Les journées des 21, 22 et 23 se passèrent en pourparlers, et le 24
» enfin, un traité fut signé entre nous et les notables de Sédhiou. Par ce
» traité, ces derniers prennent l'engagement de donner à l'avenir toute
» assistance aux marchands français qui viendront s'établir chez eux,
» ils promettent de les mettre à l'abri de toutes exactions de la part de
» leurs compatriotes. Le même traité nous reconnaît maîtres d'un ter-
» rain sur le bord du fleuve, à Sédhiou, à 400 pas environ dans l'ouest
» de ce village. Ce terrain présente parallèlement à la rivière une
» étendue de 235 mètres et perpendiculairement environ 100 mètres.
» Il nous a été cédé moyennant la somme de 1000 francs sur laquelle
» somme il a été payé immédiatement aux chefs 500 francs en mar-
» chandises comme suit :

3 fusils tower à 30 fr...........................	90 fr.
1 — français de chasse (1 coup)...........	40
100 kilos poudre en boîtes de 5 kilos	150
120 têtes de tabac (tête de France)..............	50
3 pièces Guinée bleue à 30 fr..................	90
1 — pagne broché	50
2 barils eau-de-vie de 10 litres	30
	500 fr.

» A ce paiement, nous avons ajouté, à titre de cadeau :

1 baril d'eau-de-vie	15 fr.
36 têtes tabac	15
Soit	30 fr.

» Les 500 autres francs, aux termes du traité, seront payés aux » chefs de Sédhiou par les premiers traitants français qui viendront » prendre possession définitive du terrain que nous avons acquis.

» Le sol de Sédhiou nous a paru formé d'une grande partie de terre » végétale et propre à la culture de légumes de toute espèce. Les » oranges y sont abondantes, petites, il est vrai, mais d'un parfum exquis. » Les bananiers nous ont aussi présenté un grand développement de » végétation. Les bois épais qui environnent le village offrent le même » aspect. On arrive de l'intérieur au village de Sédhiou par des sen- » tiers pratiqués sous des bois touffus. Ces sentiers sont de véritables » arceaux de verdure qui ne le cèdent en rien aux fantaisies les plus » gracieuses de nos jardins de France. Mais l'eau de Sédhiou vient mal » à propos, par sa mauvaise qualité, offrir un malheureux contraste à » tous ces avantages. Le goût en est âpre, et sa couleur blanchâtre » annoncerait assez que comme celle de Carabane elle contient une » assez forte dose d'alun. Cette eau est puisée dans des fontaines » ouvertes aux bestiaux du village qui ne cessent d'en agiter le fond » vaseux.

» Pendant notre séjour à Sédhiou, nous avons éprouvé des chaleurs » beaucoup plus fortes que celles que nous avions ressenties du côté de » Zighinchor. La brise du large s'y fait à peine sentir, et encore » arrive-t-elle fort tard. Le 22 et le 23, le thermomètre, à huit heures » du soir, marque 25 et 26° Réaumur.

» Sédhiou est situé sur la rive droite de la Casamance, dans le pays » Mandingue de Boudhié, à 30 lieues environ de l'embouchure de » cette rivière. Il est le passage des caravanes du Gabou et du Fouta » Dhialon, qui se dirigent vers la Gambie. Ces caravanes relèvent de » Sédhiou pour Pacao, et en deux jours de marche atteignent les » établissements anglais. Les produits qu'elles apportent sont ceux ci- » après :

» Peaux, cire brute, morfil et or, quelquefois un peu de coton.

» La Commission a pu s'assurer de l'exactitude de ces renseigne- » ments, et quoique aujourd'hui il n'y ait pas encore eu entre nous » de délibération formelle à ce sujet, je peux néanmoins facilement » prévoir qu'il sera par la suite dans notre rapport désigné comme » un point convenable à un établissement commercial.

» On trouve abondamment à Sédhiou une terre argileuse employée » par les naturels à la construction de leurs cases, qui, comme celles » des Mandingues des rives de la Gambie, présentent une forme cir- » culaire et sont entourées de galeries latérales. L'argile de Sédhiou, » soumise à l'action du soleil, acquiert une grande solidité. Nos pre- » miers traitants pourraient en faire des briques qui, passées au feu, » leur offriraient pour leurs constructions, toute la durée désirable.

» Sur la rive opposée, ils se procureraient à peu de frais des rho- » niers très convenables pour faire des poutres, même d'une très » grande portée. Quant à la chaux qui, à la rigueur, ne serait néces- » saire que pour le blanchissage des murailles intérieures, on la tire- » rait de Djogué. Des chalands armés à peu de frais suffiraient à ce » transport.

» A deux cents toises environ du village de Sédhiou, au milieu de la » rivière, est située une île qui commande le haut de la Casamance. » Une batterie établie sur ce point arrêterait facilement les bâtiments » qui tenteraient de dépasser cette limite. Nos premières vues » s'étaient jetées sur ce point, mais les gens de Sédhiou n'ont pas » voulu consentir à nous le céder, donnant pour prétexte qu'en cas de » guerre avec leurs voisins cette île leur offrait un dernier retranche- » ment où ils pouvaient déposer en sûreté leurs femmes, leurs enfants » et leurs provisions de bouche. Je crois peu à la sincérité de ce motif. » Je crois plutôt qu'ils ont craint qu'une fois maîtres de cette île nous » nous ne profitions de cette position avantageuse pour nous emparer » exclusivement du commerce du haut du fleuve. Ce refus ne serait-il » pas aussi le résultat de quelque insinuation portugaise.

» Devant Sédhiou, la Casamance peut avoir un mille et demi de » large.

» Au dire des naturels, la rivière y est douce pendant 7 à 8 mois de » l'année.

» La rivière doit être très poissonneuse à en juger par l'agitation » que cause le poisson à la surface de l'eau : cependant nous n'avons » pu nous en procurer que d'une seule espèce et d'une qualité assez » inférieure. Avec des seines ou d'autres genres de filets on pourrait » faire des pêches abondantes. C'est un genre d'industrie qu'il sera » facile de faire pratiquer par les naturels. A Sédhiou, comme dans » toute la Casamance, les naturels prennent le poisson au moyen de » fascines placées à deux ou trois cents pas du rivage ; à mer haute le » flot couvre les fascines, et lorsque la mer se retire, on va recevoir » les poissons qui se sont engagés dans ces fascines.

» A l'époque où nous nous trouvions à Sédhiou, le flot n'apporte plus » dans les eaux de la rivière qu'une différence d'un pouce et demi à » deux pouces au plus.

» Le 24 mars, après avoir toutefois arboré le pavillon tricolore sur » le terrain que nous avions acquis, nous prîmes congé des chefs de » de Sédhiou. Les signataires du traité sont : Cesao Camara, Mas- » hama et Arfanga, roi.

» Le 25, dans l'après-midi, nous étions de retour à bord de l'*Aigle*.

» Les deux rives de la Casamance, de la pointe de Piedras à Sédhiou, » sont très boisées et la végétation nous y a paru des plus actives. » Nous avons distingué sur la rive gauche principalement des cailcé- » dras gigantesques et sur la même rive encore, à quelque distance de » la pointe Piedras, se déroule une forêt de rhoniers d'une étendue » immense.

» Cette partie des bords de la Casamance est habitée à droite et à » gauche par les Mandingues, les Yolas, les Bagnous et les Ballantes.

» Partis de Piedras le 25, nous étions rendus à Guimbering le » 1er avril.

» A notre passage à Zighinchor, le commandant signifia officielle- » ment au commandant portugais que nous avions fondé un établisse- » sement à Sédhiou et qu'il comptait bien qu'à l'avenir nos bâtiments » auraient dans toute l'étendue de la Casamance un libre passage. » M. Carvalho s'est borné à répondre qu'il en rendrait compte à son » chef direct, le commandant de Cachéo.

» A Brin, village Yola, situé à quatre lieues au-dessous de Zighin-

» chor, nous jetâmes un pied d'ancre. Le chef de ce village nous » accueillit amicalement et nous exprima à plusieurs reprises le désir » qu'il aurait de nous voir former un établissement chez lui.

» Brin est situé à un quart de lieue environ de la rivière, au milieu » d'un bois de haute futaie. Les cases en sont construites en terre, elles » sont surmontées d'un premier étage ressemblant assez à un entresol. » Cette partie est destinée à conserver les provisions de mil et de riz. » Un large toit en paille recouvre le tout. A ce toit sont adaptées des » gouttières en rhonier au moyen desquelles les eaux pluviales se » déversent loin du pied des fondations, Ces cases, à l'intérieur, avec » leur grande élévation, leurs corridors longs et obscurs, leurs poternes » et leurs petites cellules ressemblent assez à des vieux châteaux du » moyen-âge.

» Le village de Brin est entouré d'une palissade faite en branches » de rhoniers, assez artistement disposées pour leur donner la forme » de petites ogives. On dirait assez les treillages en bois de nos jardins. » Ces palissades ont sept à huit pieds de haut. Les portes qui s'y » trouvent pratiquées ont à peine cinq pieds d'élévation.

» Avant de descendre jusqu'à Guimbering, nous allâmes renouveler » notre eau à Cagnut, île située sur la rive gauche, à quatre lieues de » l'embouchure. Nous fîmes aiguade à la fontaine de d'Elinkin dans » la partie S.-O. de Cagnut. Cette eau est délicieuse et ce point de » relâche peut être indiqué aux caboteurs qui, par la suite, fréquente- » ront la Casamance.

» Mouillés à Guimbering, nous fîmes venir à bord le chef de cette » pointe. Il se nomme Daufêne, et, assisté de deux autres chefs nom- » més, l'un Mentar, et l'autre N'Diougouba, il nous vendit la pointe de » Guimbering, après de longs pourparlers cependant, pour la valeur de » 30 bœufs, valeur qu'il fixa lui-même. Dans le pays le prix d'un bœuf » est coté à 30 francs. Le paiement de 30 bœufs lui fut fait comme » suit :

1 filière corail N° 1	500 fr.
10 barres fer plat	50
1 fusil de chasse	30
10 baguettes cuivre	50
3 paires pagnes brochés	120
3 mètres écarlate commune	50
20 kilos poudre en boîtes de 5 kilos	40
17 kilos coris	75
	915 fr.

» Le présent se composa de :

30 têtes de tabac ;
1 baril de 10 litres eau-de vie.

» Ce paiement accompli, nous descendîmes, et, accompagnés de » Daufêne, nous plantâmes le pavillon français sur le point le plus » avancé de la pointe de Guimbering, et aussitôt l'*Aigle d'Or* le salua de » 21 coups de canon.

» La partie de terrain que nous a cédée Daufêne sur la pointe de » Guimbering est celle qui s'étend de cette pointe à la 2e crique intérieure » et de cette crique à la mer de l'Est à l'Ouest. Toutefois Daufêne » s'est réservé la jouissance de quelques lougans compris dans cette » étendue de terrain.

» La pointe de Guimbering serait le lieu le plus convenable à un poste » militaire. Un fort établi sur cette pointe défendrait entièrement » l'entrée de la Casamance, et si par la suite, on établissait à Djogué, » sur la rive droite, une simple batterie, aucun navire sous ces feux » croisés ne serait tenté de forcer le passage.

» Pour les constructions à faire à Guimbering, on trouvera de la terre » argileuse avec laquelle on obtiendra, par la cuisson, des briques » d'une fort bonne qualité.

» Cette terre est employée par les Yolas à la construction de leurs » cases, ils se bornent à l'exposer au soleil où elle acquiert une grande » solidité. On tirerait la chaux de Djogué situé vis à vis.

» Le sol de Guimbering est peu élevé, il est vrai, mais toute cette » pointe est journellement rafraîchie par la brise du large. En prati- » quant des puits sur cette pointe, on y trouve de bonne eau.

» Le 2 avril, nous visitions l'île de Djogué située à l'embouchure de la » Casamance et sur la rive droite. L'inspection des lieux nous confirma » dans l'idée que nous avions déjà conçue des avantages qui résulte- » raient d'une batterie établie sur ce point.

» Guimbering et Djogué sont habités par des Yolas. A Djogué, on peut, » pour se procurer de l'eau, employer le même moyen qu'à Guimbering. » La grande abondance de coquilles d'huîtres permettrait de faire de la » chaux à peu de frais. Le bois serait sous la main.

» Le 3 avril, nous quittions la Casamance après y avoir séjourné » vingt jours. »

Au centre d'un pays riche et habité par une population intelligente et travailleuse, le nouveau comptoir de Sédhiou ne pouvait que prospérer, assuré qu'il était d'une protection sérieuse. Aussi, de grands établissements s'y construisirent-ils, et bientôt l'escale française prit l'aspect d'une petite ville. On y trouve maintenant de nombreuses fontaines d'eau vive, de belles avenues plantées d'arbres magnifiques, des chemins bien entretenus, une église et une école françaises desservies par des missionnaires.

De nombreux et jolis villages sont venus se grouper autour de cette petite ville, dont la défense est bien organisée.

Le fort est bâti au pied de la ville sur le bord du fleuve, ses murs sont percés de meurtrières, et ses bastions sont armés de 5 pièces d'artillerie.

L'école de Sédhiou fonctionne dans d'excellentes conditions, elle est fréquentée régulièrement par 79 élèves, dont quelques-uns sont assez instruits pour subir avec succès à la fin de l'année scolaire, les examens d'admission à l'école secondaire de Saint-Louis.

Sédhiou reçoit du coton apporté du Gabou, on en exporte plusieurs tonneaux; le reste est consommé dans le pays et échangé avec les Feloupes et les Bagnouns.

Les deux traites principales de la Casamance sont le riz et l'arachide.

Zighinchor était le grand entrepôt du riz, et à Sédhiou on traite les arachides.

Les maisons *Maurel et Prom*, *Blanchard et C°*, *Chambaz et Sambain* possèdent des établissements considérables, et des maisons de détail gérées par leurs traitants.

On a essayé la culture de la vigne, un cep planté au poste, a donné deux récoltes dans la même année.

Il n'y a pas lieu de s'étonner de ce résultat, car, dans la Casamance, tous les produits qui enrichissent les pays chauds et tropicaux viennent admirablement; et les légumes d'Europe sont cultivés avec succès.

Populations de la Casamance.

On rencontre dans la Casamance quatre groupes de populations, qui offrent des caractères différents. Les trois premiers appartiennent à l'élément Guinéen, et sont aborigènes. Ce sont : les Bagnouns, les

Ballantes et les Feloupes. Le dernier est Mandingue, et appartient à la race envahissante, qui, à la suite des événements qui marquèrent au XIIe siècle la dislocation du grand empire de Mali, envahit les régions situées à l'ouest du Niger, refoulant les populations d'origine guinéenne, répandues alors sur les immenses territoires du Fouta-Djallon.

Les Bagnouns formaient autrefois un état puissant. Ils occupaient la plus grande superficie des territoires compris entre la Gambie et le Cachéo, et étaient donc à cheval sur la Casamance.

Bousculés au sud par les Ballantes, qui parvinrent même à s'ouvrir une trouée sur la rive droite du Cachéo, et atteignirent les rives de la Casamance, les Bagnouns se trouvent aujourd'hui rejetés vers le Cajinolle.

Sur la rive droite de la Casamance, les Feloupes les contiennent sur les rives marécageuses du fleuve, et se sont emparés de la meilleure partie de leur territoire. Le chef-lieu des Bagnouns semble être à Diagnou, sur la rive gauche de la Casamance. Le sceptre d'or des anciens rois y serait encore précieusement conservé. Toutefois, ces souverains bien déchus, ne se font plus sacrer sur les pierres fétiches de Piedras.

Sur la rive droite, le chef des Bagnouns réside à Djami, village qui fut autrefois colonisé par les Portugais.

Les Bagnouns sont doux, bons cultivateurs, et très attachés à la terre, ils récoltent surtout du Mil et du Riz, et s'entendent fort bien à l'aménagement de leurs champs, qui sont entourés de petites chaussées pour la retenue des eaux. Ils apportent de la cire aux escales.

Dans le Jassi et sur les bords du Songrogrou, ils cultivent les Arachides.

Chez ce peuple, le pouvoir est transmis par les femmes.

En parlant de Bissao, nous avons déjà eu occasion de parler des Ballantes.

Ce peuple occupe la rive droite du Géba, et, dans cette région, les Portugais, depuis les temps les plus reculés de leur occupation, ont eu plus d'une fois maille à partir avec eux.

Chasseurs intrépides, recherchant les forêts impénétrables et giboyeuses, les Ballantes passent, en outre, pour d'adroits voleurs et de redoutés voisins.

Ils parvinrent, dans le courant de ce siècle, à franchir le Rio-

Cachéo, se répandirent dans les magnifiques forêts du San-Domingo, et s'ouvrirent un chemin jusqu'à la Casamance.

Ils poussèrent même leurs incursions sur la rive droite de cette rivière, et firent un moment du Yacine et du Boudhié un véritable désert, où, par la suite, ils venaient chasser les fauves, à défaut d'hommes.

Mais, à partir de 1860, les Mandingues prirent contact avec ce peuple, qui, rencontrant un adversaire plus puissant, dut mettre un terme à ses velléités d'envahissement. Aujourd'hui les Ballantes, grâce à leurs forêts, où ils savent se défendre avantageusement, opposent une barrière sérieuse aux Mandingues, entre le Cachéo et la Casamance ; ce sont donc d'utiles auxiliaires de la cause française.

Ils apportent dans les comptoirs les mêmes produits que leurs voisins, et quelquefois aussi de l'ivoire, qui leur vient de la région comprise entre le Rio-Cachéo et le Géba.

Leur pays est couvert d'impénétrables forêts, peuplées de magnifiques bois de construction.

La forêt de Diarring, qui nous a été abandonnée par traité, est une des richesses de la Casamance.

Les Ballantes sont des nègres de taille élevée. Ils ressemblent beaucoup aux Mandingues ; ils s'en distinguent par leurs cheveux, qu'ils laissent pousser assez longs, et leurs incisives supérieures taillées en pointe. Ils n'ont aucune religion ; ils élèvent du bétail, cultivent peu, et vivent principalement des produits de la chasse et de la pêche. Ils sont en mauvaise intelligence avec certains de leurs voisins, et inspirent une certaine crainte aux populations portugaises, qui battent en retraite devant ce peuple. C'est à cause d'eux que la rivière Saral n'est plus pratiquée par les traitants.

Ils n'ont pas d'esclaves, et ne font pas la guerre pour en obtenir. Ils sont, à l'occasion, courageux, et se défendent bien.

En 1860, M. Parchappe, enseigne de vaisseau, commandant l'aviso *Le Griffon*, détruisit leur village de Couniara. Mais dans cette affaire, cet officier eut 24 hommes tués ou blessés. Leur armement se compose de fusils décorés avec des boutons de porcelaine et des coquillages, ils ne quittent jamais leur sabre et leur poignard. Dans la répartition des pouvoirs attribués aux Administrateurs de la Basse et de la Haute Casamance, on devra confier au fonctionnaire résidant à Zighinchor, la direction politique de ces deux peuples.

Les Ballantes ont, en effet, une tendance d'extension vers les

Bagnouns, car ils ne peuvent plus s'étendre, ni vers le Nord, ni vers l'Ouest.

De ce dernier côté, les frontières actuelles entre les Ballantes et les Mandingues se maintiendront probablement, car il est peu probable que ces musulmans puissent de longtemps se frayer une route à travers les forêts défendues par les Ballantes.

L'Administrateur de Sédhiou doit avoir, au contraire, la haute main sur tout ce qui concerne les rapports entre les Mandingues et les Feloupes. Si nous n'y prenons garde, le peuple Feloupe disparaîtra bientôt devant le flot Mandingue, et c'est par la rive droite de la Casamance que ces fanatiques musulmans s'ouvriront un chemin vers la côte. Le mal sera irréparable, car les Mandingues font disparaître les populations des territoires qu'ils envahissent, en en faisant des esclaves, qu'ils envoient dans l'intérieur.

Les Mandingues se répandirent dans le bassin supérieur de la Casamance, et conquirent la contrée d'une façon définitive vers 1830. Musulmans fanatiques et très guerriers, ils apportent avec eux les germes d'une civilisation déjà avancée. Leurs cases sont vastes, construites en forme de carré, et divisées en compartiments ou chambres pour les membres de la famille. Les murs sont en pisé, et la toiture en paille tressée.

Chaque village est dirigé par deux chefs: l'Alcaty, chef de la Guerre, et l'Almamy, chef religieux. Comme chez les Foulahs, la circoncision est pratiquée sur les sujets des deux sexes.

Lorsque la France créa le poste de Sédhiou, les Mandingues étaient déjà maîtres de la Haute Casamance. Ils s'étaient établis sur les débris d'un état jadis florissant, au commencement du siècle dernier, et gouverné par le roi Birain-Mansaté.

Ce petit potentat avait su créer une véritable prospérité dans ses états. Bien approvisionné d'armes et de munitions par les négriers, il avait organisé une armée de 7,800 soldats, et vivait lui-même dans l'opulence.

Les Mandingues ne purent s'étendre vers le Sud, où ils furent contenus par les habitants du Gabou. Ceux-ci, pour repousser les incursions mandingues, exécutèrent même une expédition en 1860, et envahirent, avec 3 ou 4,000 hommes et 1,500 chevaux, le Firdou et le Pakao; mais ils ne purent s'emparer des immenses troupeaux mis à l'abri sur les rives de la Gambie.

Contenus au Sud par le Gabou, à l'Ouest, sur la rive gauche, par les Ballantes, les Mandingues achevèrent de ruiner l'empire Bagnoun, et s'attaquèrent aux Feloupes.

L'on put croire un moment que ces derniers sauraient défendre leur beau et riche pays du Fogny, nous n'avons malheureusement pas su organiser la défense de ce peuple essentiellement cultivateur et intéressant, et, dans ces dernières années, le Fogny, un des greniers de la Casamance, a été entièrement dévasté et ruiné pour longtemps.

Il serait trop long de retracer l'histoire des Mandingues depuis l'occupation du poste de Sédhiou. Sans entreprendre un pareil travail, il est au moins utile de rappeler les principaux événements qui se sont passés dans la Haute Casamance depuis la création du poste. C'est en s'inspirant de ces événements passés que l'on pourra apprécier la ligne de conduite à suivre dans la politique du pays.

L'expédition qui contribua le plus à affermir notre prestige dans la Haute Casamance, fut dirigée par le Chef de bataillon du génie Pinet-Laprade.

Elle fut décidée pour mettre un terme à une série de violences et de méfaits, dont les Mandingues s'étaient rendus coupables.

En 1855, en effet, les gens de Bombadou avaient pillé nos embarcations et massacré les équipages; en 1860, ils avaient traîné aux pieds de leurs chef, le Commandant de Sédhiou, M. le Lieutenant Falin, qui avait débarqué sans défiance sur leur rivage; en 1856, les gens de Sandiniéri avaient mis nos comptoirs au pillage; en 1860, ils avaient déclaré insolemment au Commandant de Gorée qu'ils n'exécuteraient pas les traités signés par eux; à la fin de cette année, Dioudoubou se partageait un vol de 2,500 fr., fait dans Sédhiou même, etc., etc.

Le 5 février 1861, le Chef de bataillon du génie Pinet-Laprade quitta Gorée, avec les avisos *Dialmath*, *Africain*, *Grand Bassam*, *Griffon*, le cutter l'*Ecureuil*, la goëlette la *Fourmi* et la citerne la *Trombe*. La flotille était commandée par le Capitaine de vaisseau Vallon. Le 10, les troupes débarquèrent à Sédhiou, marchèrent sur Sandiniéri et enlevèrent le village à la baïonnette.

Le lendemain, le Capitaine du génie Fulcrand alla détruire Dioudoubou, et le *Griffon* brûla le village de Niagabar.

Le 12, on alla enlever et incendier le village de Bombadiou. Le lendemain 13, les chefs de la rive gauche Souna, et de la rive droite Pakao et Yacine, vinrent se jeter aux pieds du Commandant Pinet-

Laprade, implorant la paix, et protestant de la plus entière soumission.

La rude leçon infligée en 1861 assura à Sédhiou une ère de prospérité, qui se prolongea jusque dans ces dernières années.

En 1882, les Mandingues se montrèrent indisposés contre notre administration, qui accordait le droit d'asile à leurs captifs. A cette époque, en effet, les Mandingues ravageaient les pays Feloupes, et s'emparaient de nombreux indigènes, qui s'enfuyaient et cherchaient un refuge sous la protection de nos postes.

Un village situé à 1,000 mètres de Sédhiou se fortifia, et, faute de troupes ou d'avisos, le Commandant du poste dut tolérer cette insolence de ses voisins. Il ne pouvait, en effet, avec sa faible garnison décimée par le climat, songer à entraver les tentatives de ses redoutables voisins, et il était privé du concours de la chaloupe à vapeur qui stationnait précédemment dans la rivière.

Les marabouts provoquèrent une grande surexcitation dans la rivière, et les Mandingues poussèrent l'audace jusqu'à venir attaquer Sédhiou.

Pour donner une idée de l'influence des marabouts, nous citerons le fait d'un pilote de la Casamance qui, pendant ces événements de 1882, avait promis au Capitaine du vapeur français le *Turenne*, de la maison Maurel et Prom, de lui faire franchir la grande passe, et revint le lendemain le prévenir qu'il lui était impossible de se charger de ce pilotage, les marabouts l'ayant menacé de l'empoisonner, s'il montrait cette entrée de leur rivière aux infidèles.

Une expédition, dirigée par le Colonel Bourdiaux, imposa un traité de paix au Yacine, au Balmadou, au Souna et au Pakao. Parmi les clauses de ce traité se trouvait celle qui imposait de refuser le passage aux guerriers armés, qui voudraient traverser le pays pour porter la guerre ou faire du pillage dans les autres parties de la Casamance.

On espérait ainsi mettre un terme aux ravages commis par les Mandingues sur les pays Feloupes.

En 1883, le Colonel Bourdiaux passa un traité avec le roi du Firdou Moussa Molo, qui est un fidèle allié de la France. Moussa Molo n'a pas été heureux dans les entreprises qu'il a dirigées sur le Gabou, dans ces dernières années. Les Portugais lui ont infligé, dans la région voisine de Géba, une défaite sérieuse, à la suite de laquelle il a dû abandonner tous les villages qu'il occupait dans cette région.

Pour traiter de la politique de la Casamance, nous avons dû donner quelques détails sur les Bagnouns, les Ballantes et les Mandingues;

nous ne parlerons ni des Sarakollets, ni d'autres populations, répandues un peu partout pour négocier. Il nous reste à parler des Feloupes.

Ces derniers sont répandus entre le Cachéo, la Casamance et la Gambie, ils bordent le littoral, et sont contenus : vers l'intérieur par les Bagnouns, sur la rive gauche de la Casamance, et par les Mandingues sur la rive droite, depuis que les Bagnouns y ont été subjugués par les Mandingues.

Ils habitent des régions marécageuses, où les terrains aménagés par leurs soins sont particulièrement favorables à la culture du riz.

Dans leur langue, les Feloupes se nomment Yolas et Aïmats. Ils se subdivisent en plusieurs familles, forment des villages indépendants, et ne cherchent nullement à s'unir par des liens confédératifs ; cette division à l'infini crée leur faiblesse, et les met à la merci de toutes les entreprises d'un adversaire entreprenant.

Restés fétichistes, ils s'adonnent avec intempérance à l'usage du vin de palme, qu'ils récoltent à volonté sur les innombrables palmiers qui recouvrent leurs territoires.

Les principales fractions des Feloupes sont : Les Jigouches, les Karônes et les Djougoutes.

Si l'on accepte certaines données de la science moderne, ce peuple aurait beaucoup de traits de ressemblance avec les Aschantis.

Il me semble incontestable qu'on en trouverait également beaucoup avec les Bissagos, j'ai été particulièrement frappé de certains traits de ressemblance entre ces deux peuples.

Très disséminés sur la rive gauche de la Casamance, les Feloupes sont plus particulièrement propriétaires des territoires situés sur la rive droite, entre la mer et le Songrogou. Ce sont eux qui, depuis des siècles, ont mis en valeur les terres du Fogny.

En se rendant de la Gambie à la Casamance, Brue visita leur pays. Il dépeint les habitants comme des hommes énergiques, fiers et travailleurs.

Les uns vivaient retirés dans des villages, dont ils défendaient l'accès, grâce à de solides palissades, les autres recherchaient les escales fréquentées par les Européens.

Les premiers respectaient toujours les blancs, mais attaquaient les nègres voisins, les seconds se montraient sociables, accueillaient bien les étrangers, et faisaient le commerce avec loyauté.

Trois rivières, dont deux affluents de la Casamance, le *Son-*

grogou, le *Rio Jacoumbel*, et un affluent de la Gambie, la rivière de *Cérèges*, arrosent le *Fogny*, et ouvrent des voies navigables aux embarcations des traitants.

Le Songrogou et la rivière de Cérèges prennent leur source dans des marais de *Bintam*, situés entre la Casamance et la Gambie. Ces deux affluents sont très voisins dans une partie de leur cours encore navigable, et ils facilitent les communications entre les deux grandes rivières. Aussi, les relations commerciales entre les bassins de la Casamance et de la Gambie se font-elles par ces rivières.

Dès les temps les plus reculés de l'apparition des Européens, des relations commerciales importantes s'établirent avec l'intérieur du Fogny par ces communications naturelles, et des colons de nationalités diverses vinrent s'établir dans ces régions.

Un négrier espagnol de *Cuba*, le seigneur *Juan Malnonado*, s'était créé dans le voisinage de *Pasca*, sur le Songrogou, une habitation organisée en place forte ; elle était entourée d'une quadruple palissade, avec des redoutes en terre, et était armée de 8 pièces de canon.

Pasqua était la citadelle du Fogny, le roi de ce pays y résidait, et, pour maintenir son autorité sur les Feloupes, il y entretenait une garnison de 100 fusilliers. La ville était entourée de 6 rangs de palissades fortement liées entre elles.

Le cours de la rivière de Cérèges sépare le Fogny du Kian. Le Kian est habité par les Bagnouns, subjugués depuis par les Mandingues.

Cérèges était la Capitale des Bagnouns du Kian. Au siècle dernier, les Anglais et les Portugais y étaient installés, et la Compagnie française y créa un établissement en 1700.

A cette époque, le roi de Cérèges avait su conserver une certaine indépendance, et en 1670, les Anglais étant venus pour l'intimider, avec une embarcation armée, furent repoussés à coups de fusils par ses guerriers.

Un espagnol, nommé Juan Philippe, s'était établi dans le pays, et avait épousé la fille du roi. Ce gentilhomme voulait convertir les habitants à la foi chrétienne, et avait à moitié gagné son beau-père ; mais il fut impossible à Juan Philippe de faire venir un prêtre, malgré les démarches qu'il avait faites auprès des Portugais.

Les expéditions de Hilor et de Thiong, en 1860, assurèrent aux yeux des Feloupes notre suprématie sur leur pays. Les traités qui furent conclus à la suite de ces expéditions furent respectés, et assurèrent à nos traitants et à ceux de Zighinchor la protection nécessaire dans les transactions commerciales qui se faisaient avec ce pays.

Ces transactions étaient d'autant plus importantes que ce pays était, sans conteste, le plus grand marché de riz des rivières du Sud.

Malheureusement en 1877, la rive droite de la Casamance fut dévastée par Fodé-Kaba. Ce fut la chasse à l'esclave, sous le couvert de l'islamisme.

L'invasion du Fogny par Fodé-Kaba fut violente. Tous les villages placés entre le Songrogou et le marigot des Djougoutes furent pris et détruits successivement. Il conduisit ensuite ses partisans dans le Nord, et revint au Sud détruire les nouveaux villages que, pendant son absence, les Feloupes reconstruisaient sur leurs emplacements anciens.

Quand le Fogny fut dévasté, il entreprit, avec Sounkary, chef du Boudhié, une expédition contre les Ballantes, sur la rive gauche. Ceux-ci opposèrent une résistance résolue, et les Mandingues durent se retirer, après avoir brûlé le village de Mangrougou, et fait là aussi, de nombreux captifs.

En 1881, un fort convoi de captifs qu'il expédiait vers l'intérieur fut saisi par Moussa-Molo, roi du Firdou et notre allié.

Les Feloupes qui ont pu échapper à cette guerre d'extermination se sont réfugiés auprès des postes de la Casamance. Leur riche pays est ruiné pour longtemps.

Maître du Fogny, Fodé-Kaba passa dans le Combo, où l'appelait le roi Sylla, qui sentait son autorité méconnue par ses sujets, et voulait raffermir son pouvoir avec le concours de son puissant voisin. Fodé-Kaba ne se fit pas prier, mais il chercha à s'implanter dans le Combo et à contrebalancer l'influence de celui qui l'avait appelé.

Reconnaissant trop tard le danger, Sylla s'adressa au Gouverneur de Bathurst, demandant aide et protection pour chasser le loup qu'il avait introduit dans la bergerie. Sir Samuel Row refusa d'intervenir.

Repoussé par les Anglais, il implora notre alliance, qui ne lui fut pas davantage accordée. Réduit à ses propres ressources, mais secondé par ses sujets, las d'être foulés par l'ancien allié de leur maître, Sylla put rejeter Fodé-Kaba dans son tata de Birkama, et il parvint même, en février 1888, à le tuer, grâce à la défection des partisans du prêcheur de guerre sainte.

Les populations Feloupes, terrifiées par le brigandage de Fodé-Kaba, avaient peu à peu abandonné le Fogny, et les récoltes, en partie détruites par la guerre, menaçaient d'être nulles cette année.

A la suite des derniers événements, l'émigration de ces malheureuses populations a complètement cessé, et ceux qui avaient quitté le Fogny y reviennent journellement pour bénéficier de leurs travaux.

La tranquillité ne pouvait être assurée définitivement en Casamance qu'au prix de la défaite des derniers partisans de Birahim, car Papa Amar, lieutenant de Fodé-Kaba, et son cousin, cherchaient à rassembler les guerriers de l'ancien chef, afin de former une colonne destinée à continuer les brigandages qu'ils avaient commis ensemble.

Heureusement, au Sénégal on s'était ému de l'état de choses toléré dans le Fogny, et l'administrateur de Sedhiou reçut ordre d'intéresser les différents chefs de la Casamance à notre cause. Le roi Sylla fut donc invité à continuer ses opérations contre les bandes de l'ancien agitateur. Pendant ce temps, Papa Omar continuait à rassembler les débris des anciennes bandes ; mais les populations, revenues de leur stupeur, et se sentant d'ailleurs soutenues, se montrèrent disposées à opposer une certaine résistance au nouveau chef de bande et à son frère M'Bagnik-Dialo. Les Feloupes de Congoli et de Barada repoussèrent même, au mois de juillet 1888, les guerriers de Fodé-Kaba, et leur infligèrent des pertes sensibles.

Cet exposé sommaire de la politique de la Casamance, montre le rôle important qui incombe à un administrateur soucieux de maintenir la paix, qui, seule, peut assurer le bien des intérêts commerciaux dans la rivière devenue complètement française.

Comme on peut le voir également, le centre des relations politiques est à Zighinchor.

Aussi, ce point signalé pour tant de raisons, semble-t-il appelé à devenir la capitale de la Casamance, et la résidence de l'Administrateur. La situation essentiellement militaire qu'il faut conserver à la place de Sedhiou, pourra contribuer à contrebalancer les velléités guerrières des Mandingues, et facilitera l'œuvre de paix de l'Administrateur de Zighinchor.

Les Bois de la Casamance.

La région comprise entre le Cachéo et la Casamance au-delà du marigot de Cajinolle est couverte de magnifiques forêts à peu près impénétrables, c'est à peine si quelques sentiers permettent de passer du fleuve français au fleuve portugais; parallèlement à ces deux fleuves, il est impossible de circuler. Ces forêts ne s'éclaircissent que dans le voisinage de la frontière Mandingue dans la haute Casamance.

Tous les bois qui se rencontrent dans ces forêts sont propres aux constructions, ils peuvent convenir même à la menuiserie et à l'ébénisterie, toutefois, il y a lieu de remarquer qu'ils sont généralement durs et très difficiles à travailler et à transformer en bois ouvrés, aussi, le sciage en planches et en madriers est-il long et pénible; et l'on met promptement hors de service les outils employés à cette opération.

Il serait trop long de faire une nomenclature complète de tous les bois utilisables de la Casamance, nous nous contenterons d'attirer l'attention sur certaines essences qui présentent des qualités hors lignes.

Le Cail Cédra (Khaya Sénégalensis) atteint souvent au tronc plus de 1 mètre de diamètre, il est très droit, très propre aux constructions et à la charpente.

Le Benten appelé Bintaforo chez les Mandingues (ercodendron anfractuosum) atteint souvent 20 et 25 mètres sans offrir aucune ramification; c'est un tronc nu et sans branches, mais complètement couvert d'aiguillons droits et coniques, qui s'étiolent, se dégradent et finissent par disparaître lorsque la plante a acquis un certain développement.

Cet arbre atteint sur les bords de la Casamance des dimensions considérables. Son bois mou et léger, convient parfaitement à la fabrication des pirogues.

Le Veyne, Kinau des Mandingues (sterocarpus trinaceus) est propre aux constructions navales; il est d'une très grande durée, résiste très bien à l'action de l'eau, et convient surtout au bordage des embarcations.

Le Détarr appelé Mambodo par les Mandingues (détarium sénégalensé convient comme bois de charpente et de construction maritime; sa largeur au tronc dépasse souvent 1 mètre.

Le Solum, appelé Kocyto par les Mandingues (dialum nitidum) n'atteint pas de grandes dimensions, mais il est très propre aux petites constructions navales.

Le N'dimb, appelé Dauta par les Mandingues (Sterculia Cordifolia) atteint les dimensions considérables (30 à 40^{m}). Son bois convient très bien à la construction des grands navires, il fournit des billes dans lesquelles les Mandingues taillent les mortiers à couscous, les grandes callebasses, les tam-tam de guerre et de danse.

Les bois de la Casamance pourraient être l'objet d'un commerce avantageux, à cause de leur bonne nature et de leurs excellentes qualités. Toutefois, il faudrait choisir avec discernement les territoires d'exploitation, car il y aurait des difficultés insurmontables à pénétrer dans certaines parties de ces forêts, et à tenter une exploitation loin des marigots qui peuvent servir au flottage.

Nous croyons cependant que l'exploitation des forêts peut se faire; et une entreprise dirigée avec intelligence, donnerait, c'est encore notre opinion, des résultats rémunérateurs.

Dans la Casamance, les forêts poussent sur des terrains peu ou pas accidentés. Il serait possible de faire rouler une scie à vapeur parfaitement mobile. Les bois étant traités sur place, leur transport au marigot ou au fleuve deviendrait facile.

On doit considérer que dans la Casamance on pourra utiliser des ouvriers d'art qui ne recevront qu'un paiement de 3 à 4 fr. par jour, et des manœuvres tant qu'on en voudra, à 1 fr. et 1,50 par jour. Les bois que l'on exploitera ayant une grande valeur on peut donc espérer faire un commerce lucratif.

Dans la Casamance et le Rio-Cachéo on construit de nombreuses embarcations avec ces bois remarquables.

De 1855 à 1856 on construisit à Sedhiou avec le Cail Cédra une goëlette de 20 tonneaux; une autre, le *Dakiabor*, de 30 tonneaux; un chaland, *l'Ursule*, de 40 tonneaux; un autre, la *Casamance*, de 100 tonneaux, etc., etc.

Depuis 1830 les forêts situées entre la Casamance et le Rio-San-Domingo sont exploitées régulièrement par le gouvernement portugais. Des ouvriers venus de Lisbonne, choisissent des bois et dirigent l'opération; l'exploitation se fait du côté du Rio-Cachéo, chaque année un ou deux hiates viennent de Lisbonne charger ces bois destinés à des constructions navales. Les hiates qui font ce transport sont construits avec des bois provenant de ces forêts.

Un des arbres les plus recherchés par les Portugais pour la durée et l'incorruptibilité de son bois est l'Erythroplœum d'Afzelius. Il est désigné chez les Portugais sous le nom de Mancône ou l'arbre d'eau rouge; les Feloupes le nomment Bourane (boire); son écorce rougeâtre est un poison violent ; elle sert à composer la boisson qu'utilisent les noirs dans l'épreuve des jugements de Dieu.

A Bissao et à Cachéo on fait avec le Mancône des affûts de canons qui durent de longues années, exposés au soleil et à la pluie.

Les grosses branches de cet arbre s'emploient en courbes et en varangues dans les constructions navales. On s'en sert pour soutenir la charpente des maisons construites en pisé. La partie plantée n'est attaquée ni par l'humidité, ni par les termites qui dévorent presque tous les bois. Ce bois pourrait être utilisé avantageusement, pour fournir des traverses aux chemins de fer du Sénégal.

CHAPITRE II.

Le Rio-Compony et Kandiafara. — Dandoum. — Kadé. — Considérations politiques. — Le Rio-Nunez. — Le Café. — Conclusions relatives aux rivières du Sud.

Le Rio Compony et Kandiafara.

Dans le Sud, la frontière de la Guinée portugaise passe sur les territoires compris entre le Cassini et le Rio-Compony, et se continue entre ce dernier fleuve et le Rio Grande (Koliba Kokoli) jusqu'au 16e méridien de long. O. de Paris.

Ainsi que nous l'avons fait remarquer dans la première partie de cette étude, elle passe sur les territoires des Nalous et des Foulah Coundas.

Ces derniers, dont les relations commerciales sont chaque jour moins suivies avec les escales du Rio Grande de Bolola et de Bouhah, qu'ils abandonnent d'ailleurs d'autant plus volontiers que les marchandises portugaises y sont lourdement taxées, viennent trafiquer dans des conditions beaucoup plus avantageuses dans les escales du Combidiah, du Cassini et surtout à Kandiafara. Aussi, le commerce du Compony prend-il une grande extension, et est-il représenté aujourd'hui par toutes les maisons de Rio-Nunez :

Cie Française,
Randall et Fischer,
Blanchard et Cie.

Une société de Sierra-Léone, dirigée par M. *Betz*, commerçant indigène de la colonie anglaise ; et la maison Randall et Fischer dont les petits vapeurs fréquentent les établissements du Compony et viennent sur lest enlever tous les mois ou deux fois par mois, les produits du Compony. D'autres négociants de Sierra-Léone apportent également leurs produits dans le Compony sur de petites embarcations; ni les uns ni les autres ne payent de droit de sortie, cette rivière n'ayant pas de douane, ce fait constitue un réel préjudice pour les maisons françaises du Rio-Nunez, qui centralisent leurs opérations commerciales dans cette rivière, et en payent les droits de sortie.

La concurrence illicite des Anglais porte un préjudice considérable non-seulement aux affaires traitées dans le Compony par les maisons du Rio-Nunez, mais également au commerce que font ces maisons dans le Rio-Nunez. Les Anglais livrent, en effet, dans le Compony des marchandises à meilleur prix qu'ils ne pourraient le faire s'ils étaient soumis à nos tarifs douaniers ; or, personne n'ignore que, même en payant les droits, leurs marchandises font concurrence aux nôtres.

Si on laissait le Compony sans douanes, une partie du commerce du Rio-Nunez se détournerait complètement de cette rivière et viendrait à Kandiafara.

Il y a lieu de faire remarquer cependant, que dans les conditions actuelles, le commerce de cette escale se fait dans des conditions difficiles.

Il faut avoir la hardiesse des Anglais pour commercer actuellement dans le Compony. Les traitants qui viennent à Kandiafara sont, en effet, obligés de payer tribut aux chefs du Foréah, d'accepter toutes leurs prétentions et de subir à l'occasion leurs violences.

Pendant que nous étions à Kandiafara, la protection qu'assurait notre présence a été un coup de fortune pour les commerçants anglais. Ils ne craignirent plus en effet d'être pillés ; envoyèrent de nombreuses marchandises, et la traite prit tout à coup une importance inusitée.

Les Foulah-Coundas n'ont voulu autoriser aucune maison à construire des établissements protégés par une enceinte, les traitants ne peuvent avoir que des cases ouvertes à tout venant, et sont sous la perpétuelle menace de leurs acheteurs.

A Kandiafara, le Rio Compony a encore 10 mètres d'eau ; jusqu'à la mer ses fonds sont partout très grands. Malheureusement à l'entrée il y a une passe difficile à cause d'une barre de sable et de quelques roches. Toutefois, il semble possible d'améliorer ce passage ; les rochers sont de faible dimension, et la dynamite en aurait peut-être facilement raison.

Quoiqu'il en soit, dans l'état actuel, les petits vapeurs et les embarcations de toute nature remontent à Kandiafara, à plus de 80 kilomètres dans l'intérieur des terres. L'escale semble donc appelée à prospérer d'autant plus que les bateaux peuvent aborder à quai avec 4 et 5^{m} d'eau. Toutefois, des progrès sérieux ne pourront être accomplis de l'initiative même des commerçants, que si grâce à notre protection, ils peuvent venir s'installer d'une façon permanente et sûre ; et les indigènes les en empêcheront, jusqu'au jour où nous aurons fait acte de possession.

Kandiafara bénéficiera alors du commerce qui se dirigeait autrefois vers le Rio Grande de Bolola, commerce qui était des plus importants. Cette escale aura en outre l'avantage de continuer la traite avec le Fouta-Djallon pendant la saison de l'hivernage, alors que le Géba, le Combidiah, le Cassini, le Rio-Nunez, le Pongo, la Mellacorée ne sont plus accessibles aux caravanes de l'intérieur.

Un fait tout nouveau et digne d'attention que nous venons de constater tout récemment pour l'escale de la Dubreka se produira également à Kandiafara ; les Foulahs sont venus à la Dubreka pendant l'hivernage, ils viendront également à Kandiafara. Ces deux escales sont, en effet, les seules qui soient reliées avec le Fouta-Djallon par des routes en pays montueux, toujours sec et jamais inondé.

A toute époque de l'année on peut aller de Kandiafara à Kadé et à *Timbo* sans rencontrer un marécage ou une rivière difficile à franchir.

A toute époque de l'année, on peut également aller de la Dubreka à Timbo pour les mêmes raisons.

Kandiafara se prête de tous points à la création d'établissements. Il y a en effet sur la rive droite, un plateau élevé, 70 mètres au-dessus du fleuve ; on n'a donc pas à craindre l'influence malsaine du voisinage immédiat des rives. Le pays est très beau ; le Rio-Compony passe à juste titre pour une des plus pittoresques rivières du Sud; l'eau est douce, même à marée haute; les rives du fleuve, formées de sable et de strates rocheuses qui plongent à pic, n'offrent pas le danger des alluvions empoisonnés du Rio-Nunez et du Cassini.

Kandiafara est à trois journées de Kadé pour les Foulahs ; et cette ville, ainsi qne nous le ferons voir plus loin dans le cours de ce récit, prend une importance capitale, et semble aujourd'hui contrebalancer l'influence des plus grands centres du Fouta-Djallon.

La reconnaissance que nous avons faite du Cogon permet d'espérer que ce cours d'eau qui descend du centre même du Fouta-Djallon, puisse être utilisé un jour pour la navigation des petites embarcations jusqu'à la hauteur de Dandoum, c'est-à-dire à moitié chemin de Kandiafara et de Kadé, et peut-être au-delà.

En se rendant du Rio-Nunez au Fouta-Djallon, le capitaine Lambert traversa ce fleuve, pendant les plus basses eaux, à plus de 500 kilomètres de Kandiafara. La description que notre compatriote donne de ce cours d'eau montre l'importance qu'il a encore à cette distance de son embouchure.

Le capitaine Lambert franchit le Cogon à l'époque de ses plus basses eaux.

« Cette rivière, dit-il, large de 40 à 50^{m}, roule ses eaux calmes, limpides et profondes de 30 à 40 cent. sous une épaisse et fraîche route de verdure, formée de bombax et de nettés entrelacés et liés les uns aux autres par un lacis de lianes, dont les tiges sarmenteuses, courant de branche en branche, se balancent au-dessus des eaux en capricieux festons, en innombrables guirlandes de feuillage et de fleurs. C'est un de ces sites qui font momentanément oublier la patrie.

» Le Cogon que, jusqu'à présent, toutes les cartes ont confondu avec le fleuve *Kakandy* est un cours d'eau très distinct, dont le volume dépasserait de beaucoup celui du Rio-Nunez devant Kakandy, à la marée basse. Je m'assurai que son bassin, après avoir contourné du Sud au Nord l'extrémité de la vallée du *Taguilenta* (haut Rio-Nunez), court ensuite droit à l'Ouest jusqu'à la mer, en demeurant également indépendant du Rio-Grande au Nord, et du Rio-Nunez au Midi. »

Un voyageur hardi qui se rendrait muni d'un canot en toile analogue à celui qui nous a rendu de si grands services, au point où M. Lambert a vu le Cogon, c'est-à-dire à quelques petites journées de Boké, pourrait descendre en quelques jours cette intéressante rivière; il en reconnaîtrait le cours exact, et fournirait des renseignements utiles sur sa navigation.

On ne peut explorer exactement le Cogon qu'en le parcourant avec une embarcation, il est impossible, en effet, d'approcher de ses rives et dans le cours de l'exploration que nous venons de diriger, c'est parfois au prix des plus rudes efforts que nous avons pu arriver sur ses bords.

Dandoum.

Le Rio-Grande (Koliba) et le Cogon suivent des directions générales parallèles, et ne sont séparés que par un espace de quelques kilomètres sur une partie de leur cours. Ils divergent à hauteur de Dandoum. Entre les plateaux agricoles de Saala et la région montagneuse de Dandoum, le territoire resserré entre les deux fleuves est accidenté, très boisé, inhabité, et par suite il présente un aspect des plus sauvage. Aussi, Dandoum qui est un des rares villages construits dans ces forêts désertes, est-il un centre signalé malgré son peu d'importance ; il occupe d'ailleurs une position stratégique de premier ordre, car il commande à l'entrée du défilé resserré entre les deux fleuves, la seule route qui établit des relations entre le Foreah et le Fouta-Djallon. Il contient 150 cases, et sa population peut être évaluée à 800 ou 1,000 habitants. C'est un village de captifs du roi de Kadé. De création récente, il s'élève au milieu des bois, et seul, l'emplacement occupé par les cases, est défriché convenablement. Les indigènes font de grands efforts pour aménager dans le voisinage des terrains favorables à la culture, la région est riche, et les efforts semblent déjà couronnés de succès. De hautes collines entourent de tous côtés le village ; couvertes de bois épais, elles interceptent le passage de l'air, et leur sol rocailleux chauffé par le soleil, reflèchit la chaleur et augmente d'autant la température. Ainsi que nous venons de le faire remarquer, Dandoum commande l'étroit couloir montagneux qui sépare le Rio-Grande (Koliba) du Rio-Compony (Cogon) et par suite le chemin du Foréah qui s'y bifurque pour prendre les directions de Timbo et de Kadé. Ce village est aussi en communication avec Boké.

Le jour où les habitants de Dandoum feront cause commune avec leurs congénères du Foréah, ce qui pourrait arriver, à notre avis, dans un avenir prochain, l'accès du Foréah sera fermé aux armées du Fouta-Djallon, et Mody-Yaya ne pourra plus venir s'immiscer dans les affaires de ce pays.

Dandoum se trouve sur le territoire reconnu aux Portugais. Quand nos voisins de la Guinée seront fermement résolus à faire prévaloir leur influence dans la partie du Foréah comprise sur leur territoire, ils devront occuper cette position. Au-dessus de la chute de Contabanie, des bateaux peuvent remonter le Koliba et le Kokoli jusqu'à hauteur de Kadé, et par conséquent de Dandoum. Il serait donc facile d'y ravitailler une colonne et de maintenir des communications avec un poste qui y serait établi.

Dans cette hypothèse, étant isolés du Kadé, les Foulah-Coundas seraient réduits à se soumettre si les Biaffades soutenus par une colonne Portugaise, tentaient un effort sur le Foréah.

Kadé.

Kadé qui a pris depuis peu une importance considérable, n'était, il y a un siècle, qu'un petit village de Tyapys. Ces noirs habitaient toute la région montagneuse située entre le bassin du Kokoli et du Cogon.

Ce peuple, inférieur physiquement et moralement, était appelé à disparaître au contact des races supérieures venues de l'Est. Pour échapper aux déprédations des Foulahs qui les traitaient en race d'esclaves, les Tyapys se retirèrent dans les montagnes les plus cachées et les moins abordables de leur pays, et abandonnèrent la région située entre Kadé et le Foréah, dans laquelle ils ne pouvaient sauvegarder leur liberté.

Quand les Mandingues envahirent la haute Gambie et la haute Casamance, ils étendirent leur zone d'incursion jusqu'au pays fertile du Gabou. Ils s'arrêtèrent dans le Mana, sur la rive gauche du Kokoli, barrière large de 150 mètres avec 5 mètres de fond aux basses eaux. Toutefois, ce peuple essentiellement envahisseur, chercheur de bonnes terres, apprécia la région de Kadé, et des Mandingues passèrent individuellement le Koli pour venir s'établir dans ce village. Les Mandingues furent accueillis à Kadé en amis, et il ne semble pas qu'ils y soient venus en conquérants.

Le Kadé fit longtemps partie de la province du Labé. Aujourd'hui, ce pays forme un district relevant directement de l'autorité des Almamys ; Mody-Yaya qui se donne le titre de roi de Kadé, roi du Gabou et roi du Foréah, n'a qu'une autorité très contestable sur le Gabou, pays essentiellement Mandingue qui a su jusqu'à ce jour opposer une barrière infranchissable au flot foulah. Il est plus heureux dans le Foréah où il a fait assassiner en 1886, le roi Bokar Guidali ; et depuis, il descend de temps en temps dans ce pays, ne remontant jamais à Kadé qu'après avoir mangé tout ce qui est dans les greniers et enlevé tout ce qui est de bonne prise, car les Foulah-Coundas sont considérés par ses gens et par lui-même comme des tenanciers taillables à merci.

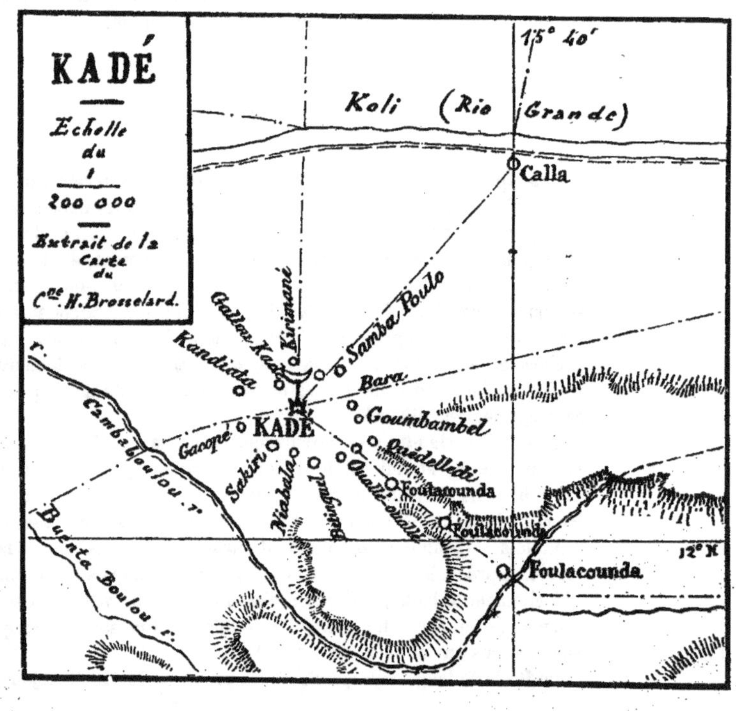

Mody-Yaya qui est un guerrier entreprenant, avait en 1883 une influence considérable dans le Fouta-Djallon, et avait fait assassiner Alpha Ibrahima son oncle, roi du Labé. Appartenant à une des deux familles qui fournissent les Almamys, il semblait destiné à être élevé lui-même un jour à cette haute dignité. Malheureusement il conserve dans la jambe une balle qui occasionne une blessure grave et inguérissable: aussi, de l'avis du docteur Noury, ses jours sont-ils comptés. Il ne faut donc pas faire trop grand cas pour l'avenir, des bonnes relations que nous avons avec ce roi.

Actuellement, la ville de Kadé a environ 400 cases, et sa population est de 3 à 4,000 habitants. Dans un rayon de 2 kilomètres autour de la ville, sont venus s'établir successivement 12 villages, ce sont les suivants :

Kandiata ;
Gallou Cadé ;
Kiri Mané ;
Samba Paulo ;
Dara ;
Goumbambel ;
Ouedelledi ;
Oualleoualé ;
Betinguel ;
Niabala ;
Sakiri ;
Gacapé.

Ces douze villages ont une population qui double celle de la ville même de Kadé, et le village de Dara, à lui seul, peut mettre 100 fusils en ligne. Kadé avec ses villages annexes, peut mettre mille hommes libres sous les armes. L'importance que prend ce centre est due à l'action politique de Mody-Yaya. Ce chef, outre l'influence considérable qu'il doit à sa naissance, car il est issu d'une des deux familles les plus puissantes du Fouta-Djallon, s'est assuré le dévouement absolu de ses partisans, par les bénéfices qu'il leur permet de réaliser en exploitant avec lui le Foréah. Sa résidence étant située dans une région admirablement fertile, pleine de ressources, et relativement rapprochée des escales, reçoit les marchandises européennes de première main, et devient même aujourd'hui un entrepôt pour les régions plus éloignées. Protégée au Nord par le fossé du Koli, au Sud et au

Sud-Ouest par des montagnes impraticables, ce centre occupe en outre une situation stratégique qui le met à l'abri des coups de main des voisins ennemis. Aussi, peut-il devenir à l'occasion une excellente base d'opérations pour l'invasion foulah dans l'Ouest. S'il n'y a pas d'arrêt dans le développement de Kadé, cette ville deviendra de fait la capitale du Fouta-Djallon.

Considérations politiques.

Notre reconnaissance de la région comprise entre le Cogon et le Rio-Grande, n'eût pas été complète, si tout en décidant du tracé qu'il conviendrait de donner à la frontière proposée par le traité de 1886, nous n'eussions pas envisagé la situation politique que suscitera la double influence française et portugaise ; nous devions songer également à reconnaître les moyens de remédier au cas échéant, à une situation qui eût été singulièrement regrettable, si elle eût été sans remède.

Dans la région sud de la Guinée Portugaise, la frontière coupe ainsi que nous l'avons fait observer, dans toute sa largeur le pays des Nalous. Ce peuple relève du roi Dinah. A l'Est du pays des Nalous, la frontière partage en longueur le Foréah qui relève du roi Mahmadou Paté.

Dans l'état actuel, Dinah deviendrait sujet du Portugal, pour la portion d'état Nalou qui se trouve située au Nord de la nouvelle frontière. Or ce roi est lié à l'influence exclusive de notre politique par un traité déjà ancien renouvelé et sanctionné depuis.

Quant à Mahmadou Paté, roi par la volonté des Portugais, il deviendrait sujet français pour une portion considérable de ses Etats.

Une telle situation ne saurait subsister sans inconvénients pour les deux puissances coloniales.

Il faut donc songer aux modifications et aux mesures qui peuvent y remédier. En ce qui concerne les Nalous, la France seule doit intervenir. Il y aurait donc lieu d'inviter Dinah à renoncer aux territoires situés au Nord du Rio-Compony ; de lui faire remarquer que ses sujets n'ont déjà plus pied sur les territoires du Combidiah, ni même sur ceux du Cassini ; et qu'ils ne renonceront donc ainsi, qu'à la région inhabitable comprise entre le Compony et le Cassini. Ce sacrifice n'est donc pas grand. Toutefois, il y aurait lieu d'indemniser Dinah, et de faciliter l'émigration des quelques rares Nalous qui sont sur les bords du Cassini, en leur assurant des terres sur le territoire français.

La question du Foréah doit être réglée d'un commun accord par le Portugal et la France. Il y aurait lieu pour les deux puissances signataires du traité de 1886, de faire comprendre au roi du Foréah et aux chefs influents de ce pays, qu'elles accueilleront favorablement une proclamation d'indépendance vis-à-vis du suzerain de Kadé, quand Mody-Yaya mourra, ce qui semble ne pouvoir tarder. Se sentant soutenu, le Foréah saisira certainement une occasion favorable pour proclamer son indépendance. Au lendemain de cette manifestation, le roi Mahmadou-Paté pourrait faire abandon de ses droits pour la partie de ses états situés sur le territoire français, et Bacari-Lombi se ferait alors proclamer roi par les chefs des villages de ce territoire.

Cette situation nouvelle sera d'autant plus facile à créer qu'elle existe en quelque sorte déjà. Bacari-Lombi est plus puissant dans les villages du sud que son maître Mahmadou Paté. Pour donner une sanction à leur déclaration d'indépendance, il faudra que sans tarder, les deux états du Foréah organisent leur défense. Les villages de Saala, de Contabany, de Kevel, de Koumoutaly, seront, le cas échéant, appelés à soutenir les premiers le choc du successeur de Mody-Yaya, si ce suzerain se croit assez fort pour revendiquer les droits de son prédécesseur. De la résistance de ces villages dépendra le salut du Foréah.

Dans le cas d'une proclamation d'indépendance du pays des Foulah Coundas, il est fort probable que Dandoum proclamera également sa propre indépendance et se ralliera aux propres intérêts des gens du Foréah. Dans cette dernière hypothèse, c'est Dandoum qui deviendra le boulevard de cet état. Les gens de Foréah auront donc le devoir de soutenir leur alliée.

Au cours de ces événements, le Portugal et la France jugeront peut-être nécessaire de fournir un concours effectif à la défense des libertés des deux états Foulah-Coundas. Dans tous les cas, ils auront à apporter leur appui moral si puissant par lui-même, et pourront engager leurs protégés réciproques à passer avec le roi de Kadé des traités de commerce, qui assureront sur les routes un libre passage aux marchandises entre Kadé, et les escales de Boubah et du Rio-Compony.

Les habitants de Kadé, tout en regrettant la perte d'une ferme d'un excellent rapport, conserveront ainsi l'important privilège des transactions commerciales, qui dans l'état actuel contribue pour une si large part à leur prospérité.

Il ne faudrait pas voir dans la politique que nous proposons une cause possible de conflit avec les Almamys de Timbo.

Les chefs du Fouta n'envisagent pas sans une certaine jalousie la puissance croissante de Kadé. Quant au Foréah, ils le considèrent comme une possession particulière de Mody-Yaya ; et de même qu'ils se refusent depuis plusieurs années à seconder ce dernier dans ses revendications sur le Gabou, de même ils refuseront à son successeur le concours de leur influence, et l'appui des armées de la confédération pour soutenir des intérêts particuliers, et aider à la répression des Foulah-Coundas.

Quand on considère la situation intérieuré du Fouta-Djallon, on est amené à se demander si cette confédération, dont l'organisation semble au premier abord si forte, n'est pas bien près de se désagréger. On sait que le Fouta-Djallon est constitué en une république aristocratique, où le pouvoir est alternativement détenu par deux chefs élus, qui prennent le titre d'Almamys (prince des croyants). Ils sont toujours choisis dans les familles d'Alfa et de Sory. Un conseil des anciens dont font partie de droit tous les notables de Timbo, est chargé de discuter les affaires publiques. Il donne son avis sur les nominations des chefs des provinces et sur les questions de politique intérieure ; il discute les rapports avec les États voisins, et approuve les traités passés au nom de l'Almamy, qui n'est que le premier représentant de la nation Peuhl. Cette sage organisation serait l'objet de notre admiration, si nous ne constations en même temps que le Fouta-Djallon est divisé en 13 provinces, habitées par une population de 4 à 500,000 individus libres, et par un nombre égal d'esclaves.

Les Foulahs en s'emparant, il y a deux siècles du pays des Dialonkès, se sont en effet installés dans les villages occupés par ces derniers et se sont mêlés avec eux. Rayonnant ensuite autour des massifs de leurs montagnes, ils soumirent toutes les populations voisines, déplacèrent les habitants, et créèrent des villages d'esclaves, sortes de fermes d'exploitation, qui au temps de la traite des nègres, constituaient peut-être des haras inépuisables pour le trafic avec la côte, mais qui aujourd'hui que les Foulahs ne trouvent plus l'écoulement de leurs esclaves, deviennent de véritables centres de résistance dont la force est augmentée sans cesse par l'arrivée de nouveaux captifs faits dans les guerres heureuses. Les villages d'esclaves se sentent d'ailleurs, grâce à l'accroissement naturel de leur population, une telle puissance, qu'ils n'hésitent plus à se grouper pour donner plus de cohésion à leurs résistances et à leurs revendications. Aussi, sur bien des points, les maîtres n'osent-ils plus venir réclamer leurs redevances qu'à la tête d'une armée.

La population esclave des Foulahs étant peut-être aujourd'hui aussi considérable que la population libre, on s'explique que dans beaucoup d'endroits elle ne soit même plus tributaire. Les maîtres n'oseraient enlever si ce n'est par la force des armes et par droit de conquête, les sujets dont ils voudraient faire une marchandise. Ceux-ci ont d'ailleurs des captifs, et ces masses de populations qui acquièrent chaque jour des droits et des libertés, les Foulahs n'ayant su se les assimiler, semblent appelées à devenir bientôt réellement maîtresses du sol sur lequel elles ont été à l'origine parquées en quelque sorte par les Foulahs.

On peut donc admettre que des petits états indépendants des Almamys ne tarderont pas à se constituer sur la terre du Fouta-Djallon.

La proclamation d'indépendance du Foréah, peuplé d'anciens esclaves des Foulahs sera dans un avenir prochain un pronostic de la désagrégation qui se produira peu à peu sur d'autres territoires.

Le Rio Nunez.

Avant l'exploration que j'ai dirigée dans le Rio-Compony, ce fleuve était géographiquement inconnu, et la seule rivière occupée effectivement par la France dans le voisinage de la frontière portugaise était le Rio-Nunez. Aussi, malgré son éloignement du théâtre futur de mes opérations, je fus dans la nécessité de m'y rendre, pour prendre pied sur le continent, compléter mon organisation, et créer en quelque sorte ma base d'opération.

Le *Rio-Nunez* fait partie du groupe des rivières françaises comprises entre la *Guinée Portugaise* et *Sierra-Leone*. Ces rivières sont les suivantes :

Rio-Compony.
Rio-Nunez.

Rivière Kappatchez
d° *Condéyéri.*
d° *Coundindi.*
Rio Pongo.
Rivière Bramaya.
Rio Dubreka.
Rivière Manéah.
d° *Morébayah.*
d° *Béreiré.*
d° *Forécariah.*
d° *Tannah.*
d° *Mellacorée.*

Chacun de ces cours d'eau ouvre une route vers le *Fouta-Djallon*, et quelques-uns ont une très grande importance, car pénétrant fort loin vers l'intérieur, ils sont appelés à être utilisés comme voies navigables. Tels sont le *Rio Compony*, la *Dubreka* ou *Koukouray* qui descendent du centre du Fouta-Djallon et peuvent être remontés ou descendus par les pirogues et les petites embarcations sur des biefs d'une grande étendue.

Les territoires arrosés par toutes ces rivières et par les cours d'eau qui en sont tributaires, font tous partie intégrante du domaine colonial de la France.

Quatre de ces rivières sont actuellement occupées effectivement : le *Rio-Nunez*, le *Rio-Pongo*, la *Dubréka* et la *Mellacorée*. Elles sont reliées régulièrement avec Dakar par un service mensuel de correspondance, effectué par l'aviso colonial le Dakar. Le Conseil général de la Colonie du Sénégal vote annuellement une subvention de 75,000 fr. pour subvenir aux frais de ce service ; elles sont d'ailleurs visitées constamment par les grands navires.

Le Rio-Nunez fut découvert en 1447 par le Portugais *Nuno-Tristan*. Ce navigateur fut assassiné la même année par les sauvages du *Rio-Grande*. Les Portugais ne créèrent pas d'établissement dans cette rivière, qui fut délaissée à cause de sa réputation d'insalubrité. Elle ne fut longtemps, comme ses voisines, qu'un repaire de négriers. Mais quand commença la répression de leur commerce, ils durent dans le Rio-Nunez abandonner leurs escales trop accessibles aux croiseurs, et reporter le centre de leurs opérations dans le *Rio Pongo* et autres rivières, où ils purent en toute sécurité, organiser militairement des refuges fortifiés et armés de canons, dans lesquels ils se maintiurent jusqu'en 1865 à la face des croiseurs qui ne pouvaient sans courir de grands dangers s'aventurer dans les passes nombreuses qui ouvraient la route de ces établissements.

Des commerçants prirent la place des négriers, et en 1850, il y avait déjà dans le Rio Nunez cinq factoreries françaises, trois anglaises, une américaine et une indigène appartenant à *Lamina de Caniope.* Elles se partageaient un commerce de 4 millions de francs. Comme aujourd'hui encore, cet important commerce consistait pour l'exportation, en café, cuirs, or, ivoire, riz, arachides, indigo et cire. Aujourd'hui il y a en plus le caoutchouc ; 300 tonnes environ de ce produit arrivent chaque année aux escales du Rio-Nunez. Cette précieuse marchandise qui s'est vendue cette année, sur la place de Marseille, 4 fr. 50 le kilog., représente à elle seule le chargement de 12,000 porteurs dans son transport de l'intérieur du *Fouta-Djallon* aux escales.

Nous estimons qu'il arrive par an de 20 à 30 mille charges de marchandises au Rio-Nunez. Un mot des négociants caractérise cette invasion commerciale. Quand la traite a été bonne il disent : « *que le Fouta est descendu* ». Quand le Fouta n'est pas descendu, la traite n'a pas donné son rendement habituel.

Les droits de la France sur le Rio-Nunez datent de 1865 ; le premier traité de protectorat fut signé le 28 novembre 1865 entre le Gouverneur *Pinet Laprade* et *Youra*, roi des Nalous.

Un second traité du *1er Décembre 1865*, passé avec ce même Youra, reconnaît la cession en toute propriété du terrain de *Skeltonia* à *Victoria* et des terrains de *Bel-Air*.

Le poste de Boké fut construit en 1866, à la suite d'un traité signé le 21 janvier de la même année. C'est de ce village que René Caillé était parti pour accomplir son étonnant voyage à travers le Soudan, le Sahara et le Maroc. Auprès du poste, un monument élevé par les soins du Général Faidherbe, rappelle la courageuse entreprise de notre compatriote.

Le 20 janvier 1884, les Nalous cédèrent à la France le pays compris entre les Marigots de Ganiope et de Roppas. Dinah ne pouvait être très satisfait de ce traité qui lui était imposé, car il était par le fait privé des coutumes que lui servaient les maisons de commerce établies sur le territoire cédé, mais à cette époque il était obligé de signer des deux mains, sa situation étant des plus précaires, d'ailleurs à titre gracieux les maisons de commerce continuent les rentes qu'elles faisaient précédemment au roi.

Ce terrain concédé en 1884 avait été cédé une première fois par Youra, père de Dinah, à un lieutenant de vaisseau de la marine Belge, qui agissait au nom de son gouvernement. Dinah conserve encore cet ancien traité qui n'a jamais reçu d'exécution de la part du gouvernement Belge.

Pendant cette année 1884 la situation de Dinah était, avons-nous dit, des plus précaires. Un chef du nom de Bockar Cotonou, dont le village était tout proche de Victoria, faisait de grands préparatifs pour faire la guerre au roi des Nalous.

Il avait fait venir de la Mellacorée des hommes auxquels il promettait une solde de 2 fr. par jour, mais qu'il ne payait en réalité pas. Aussi les mercenaires se livraient-ils à toutes sortes de pillages et de désordres.

La situation était intolérable pour le commerce qui n'a même pas dans le Rio-Nunez la protection d'une canonnière; aussi, en mars 1885, l'aviso *l'Ardent* fut-il envoyé dans la rivière, pour mettre ordre à la situation. *M. Bayol*, lieutenant-gouverneur, dut requérir M. le lieutenant de vaisseau *Aubert*, commandant de l'Ardent « de supprimer les villages de *Cotonou*, *Koutchouquou* et *Victoria* partisans de *Bokar Catinou* et de faire disparaître les principaux chefs avec les villages qu'ils commandaient. »

Pendant mon séjour dans le Rio-Nunez, je n'eus qu'à me louer de la façon d'être du roi Dinah. Toutefois, je pus constater qu'il semblait vivement ému du fait de la délimitation qui devait laisser en partage le Rio-Cassini aux Portugais. Renseigné depuis longtemps, Dinah savait quel était le texte de la convention de mai 1886 : aussi, il m'exhiba les vieux parchemins qui relataient des traités passés avec ses prédécesseurs ; et signala tout spécialement celui qui, daté de 1857, consacrait la prise de possession par la France de la rivière *Kitafine* et du *Rio-Cassini*. Il fit remarquer l'article qui lui assurait de la part du gouvernement français aide et protection ; il fit observer que ce traité n'avait pas été abrogé ; qu'il en était le respectueux observateur ; et déclara qu'il croirait de son devoir de chasser les Portugais par la force, et de réclamer même notre appui, si ceux-ci faisaient quelque tentative d'établissement sur le territoire de ses pères.

La frontière établie par le traité de 1886, partage, ainsi que je l'ai fait remarquer précédemment, le territoire des Nalous, dont la frontière naturelle vers le Nord, est le *Rio-Tombali*. Toutefois, ainsi que je l'ai également fait remarquer, les Nalous, battus par les Foulahs, sont depuis plusieurs années rejetés du Rio-Combidiah sur le Rio-Cassini. Ce fleuve est actuellement leur rempart contre les musulmans qui les envahissent en ce moment par la région comprise entre le Cassini et le Rio-Compony. C'est pour cette raison, que depuis une dizaine d'années, la résidence des rois Nalous, qui était autrefois sur le Cassini, a été reportée sur le Rio-Nunez.

Pendant que nous étions dans le Rio-Nunez, de nouveaux désordres étaient occasionnés par un certain *Yunkalaye* qui résidait dans le *Sandoumataï*. Ce prétendant qui avait fait un semblant de soumission au poste de Boké, se déclarait ouvertement contre Dinah Sallifou. Il s'appuyait sur l'amitié du roi des *Landoumans*, ivrogne sans prestige, dont l'autorité est entre les mains de ministres ambitieux, partisans de Yunkalaye. Ce chef est un homme dangereux qui a été chassé du *Lakataï* par ses propres sujets ; il a depuis ramassé tous les coupeurs de route et les pillards des pays voisins, constituant de cette façon une petite armée avec laquelle il semblait espérer rentrer dans le Lakataï et même s'emparer du Bas-Nunez sur lequel il prétend avoir des droits.

Les Nalous, dont nous avons eu occasion de parler à plusieurs reprises, appartiennent à l'élément guinéen, comme les Bagas qui se rencontrent également en petit nombre dans les régions basses de la côte, et les Laudoumans établis depuis peu dans le Haut-Nunez. Ces derniers ont dû quitter leur pays d'origine situé au nord de Kadé, chassés par les Foulahs, et ils sont venus chercher une nouvelle patrie dans les forêts désertes qui couvrent le pays situé entre le Rio-Compony et le Rio-Nunez.

Le Café.

Si l'arachide semble être une production plus particulièrement exclusive au Saloum et à la Casamance qui en exportent des quantités considérables, la culture du café me semble toute désignée pour les rivières françaises au sud de la Guinée portugaise. La nature du sol semble, en effet, propice à cette plante qui se rencontre partout dans les terrains accidentés, et devient d'autant plus commune qu'on remonte vers l'intérieur sur les confins montueux du Fouta-Djallon.

Aussi, le café improprement appelé Rio-Nunez nous vient-il en grande partie de ce pays.

Les Foulahs en approvisionnent les escales du Rio-Nunez, du Rio-Pongo, de la Dubreka et même de la Mellacorée ; ce café est très estimé, aussi ne s'explique-t-on pas qu'il ne soit venu à l'idée de personne de faire des essais suivis de culture, avant 1867, époque à laquelle M. Lang, agent agricole, fut envoyé dans le Rio-Nunez et démontra la possibilité de tirer parti d'une des richesses des rivières du Sud.

Avant ces dernières années, les premières tentatives avaient été faites à Victoria par un Américain ; elles ne furent pas reprises parce que, assure-t-on, les noirs arrachaient la plante pour enlever ensuite dans leurs cases la graine. Quelques débris de cette plantation existent encore aujourd'hui au milieu d'un épais fourré, continuent à donner du café, et se reproduisent. De cette première tentative paraissent venir les caféiers plantés à Bel-Air dans le jardin de l'ancienne factorerie Santon. Ces arbres sont d'un rapport annuel fort considérable.

Dans le Rio-Nunez, le sol qui convient aux caféiers est la terre rouge mêlée avec beaucoup de petites pierres; ces terrains sont communs.

Les expériences les plus concluantes démontrèrent à M. Lang qu'on ne doit nullement se préoccuper de la richesse en humus d'un terrain. L'humus est peu profitable à la plante, et lorsqu'il recouvre un sol qui retient fortement l'eau, comme la terre à briques, il devient un véritable poison pour le caféier.

Avant de planter un caféier, qui est le type de l'arbre à racines pivotantes, il convient de s'assurer si la profondeur de la terre est suffisante. En 1866, M. Girou, commandant de Boké fit une plantation dans un ancien trou circonscrit par la route du poste et rempli avec les débris de pierre provenant des travaux de terrassement ; une grande partie de ces caféiers, quoique en plein soleil, eurent une végétation presque double de celles des plantes les mieux venues ailleurs.

Les caféiers que M. Girou fit planter en dehors de ce trou, à quelques pas plus loin, dans un terrain naturel, ne montrèrent nullement le même progrès.

Dans les derniers jours d'avril 1867, M. Lang put planter quelques centaines de petits caféiers qu'il était allé chercher à Ste-Eugénie. Il transplanta, sans les tailler, ces jeunes sujets dans un endroit aussi ombragé que possible.

Voici quel fut le sort de ce commencement de plantation : toutes les plantes qui se trouvaient trop exposées au soleil sont mortes ; les autres, la moitié environ de ce qui avait été planté, donnèrent, dès l'année suivante, un peu de café.

En 1868, M. Lang fit venir de jeunes caféiers de l'intérieur du pays, il en planta environ 3,000. Cette plantation eut un sort malheureux. Ayant cru pouvoir se fier à la force de végétation particulière à ces pays, l'agent de culture ne tailla pas suffisamment les arbres qui devaient être transplantés. Il en résulta qu'un bon tiers de ces plantes ne vint pas du tout, et que le reste, à quelques exceptions près, n'eut qu'un développement insuffisant.

Un fait digne de remarque, c'est que ces dernières plantes ont cependant pu supporter les six mois de sécheresse sans perdre leurs feuilles ; beaucoup continuèrent même à végéter. Tout autorisait à les considérer comme sauvées, lorsqu'après les premières pluies, leurs feuilles et leurs jeunes tiges commencèrent à noircir, ce qui fut le prélude de la mort de presque toutes ces plantes.

Cette singulière maladie parut propre aux plantes qui n'avaient pas atteint leur développement normal pendant la saison des pluies.

M. Lang ne fut guère plus heureux dans un essai de semis qu'il fit sur les bords du ruisseau dans une épaisse couche de terre végétale qui s'étendait sur un fond de terre à briques. Les graines levèrent, mais les plantules, après avoir langui pendant quelque temps, ne tardèrent pas à périr. La 3e année de son séjour à Boké, M. Lang ne put se procurer à temps les plantes dont il avait besoin, le commerce l'ayant devancé dans les achats. Il fit la moitié de sa plantation trop tard, en juillet, avec des plantes qu'il envoya chercher dans le Fouta.

Il y eut une différence très remarquable entre le résultat de la 2e année et celui obtenu pendant le 3e hivernage. D'abord, à quelque rares exceptions près, toutes les plantes transplantées poussèrent ; ensuite, grâce à un mode de taille adapté à la puissance végétaire de l'arbre, toutes les bonnes plantes purent atteindre un développement suffisant. Les plantes abritées eurent surtout, presque sans exception, une bonne végétation.

Il reste à signaler un fait singulier qui entraînerait, si les conclusions que croit pouvoir en tirer M. Lang sont justes, un enseignement de la plus grande valeur.

L'agent de culture avait cru devoir prendre la précaution de faire amasser à côté des trous un tas de terre végétale. Or, les sujets plantés avec tous les soins et précautions possibles, dans ces trous remplis de terre végétale, ont été loin d'atteindre la belle végétation de quelques centaines de caféiers plantés en pépinière dans une plate bande riche en terre minérale. Et pourtant les sujets plantés en ligne se montrèrent plus frais, plus vigoureux, ils avaient d'ailleurs été plantés avec plus de soin que les premiers.

Les semis qui furent faits la même année dans un terrain plus léger vinrent mieux que ceux de l'année précédente; leur réussite eût été complète si, au lieu d'être faits à la fin d'avril, ils eussent été faits un mois plus tôt. Les fortes pluies, survenues juste au moment de leur germination, ne permirent pas aux cotylédons revêtus de la pulpe, de se dégager, et ceux-ci finirent par pourrir en terre.

Il résulta de ces semis environ 400 sujets en état d'être plantés l'année suivante, et M. Lang en avait alors en pépinière quelques milliers destinés à la transplantation.

La conclusion, c'est qu'une plantation faite dans un terrain léger, profond et ombragé, réussit sûrement pourvu que le planteur connaisse seulement les premiers principes du métier.

M. O'Neill, médecin du poste de Boké, obtint dans le même temps une plantation de 3,000 caféiers de belle venue. Depuis, grâce à l'initiative de maisons de commerce, de belles plantations ont été créées un peu partout. Auprès de Samiah, la maison Blanchard en possède une en plein rapport; les caféiers sont garantis par des touffes de bananiers.

Dans le Rio-Nunez, le Rio-Pongo et la Mellacorée, on peut demander la main-d'œuvre aux Foulahs qui descendent en caravanes vers la fin de l'hivernage, et séjournent souvent jusqu'en juin. Pendant leur séjour auprès des factoreries, ils tâchent d'augmenter le bénéfice de leur commerce en se louant comme manœuvres, souvent même, ils sont disposés à s'engager pour la saison des pluies. Avec un peu de patience on parvient à faire exécuter aux Foulahs toute espèce de besogne.

Le Rio-Nunez et le Rio-Pongo reçoivent chaque année à peu près 5,000 kilogr. de café du Fouta-Djallon. Le café n'est pas cultivé dans ces pays, et les indigènes, pour faciliter la récolte, brisent les branches et coupent même les arbres, procédé barbare qui semble expliquer qu'on ne puisse récolter que tous les deux ans.

Pour décupler cette production, il suffirait de dégager les bosquets de caféiers des lianes qui les étranglent, de couper les arbres qui empêchent leur développement, et ensuite de faire la récolte à temps et avec ménagement. Si enfin, les noirs pouvaient se décider à planter autour du caféier quelques jeunes plantes venues à l'endroit même, ces bosquets deviendraient bientôt des bois. Si on éclairait les indigènes sur leurs intérêts, et si d'autre part la concurrence donnait au café une valeur en rapport avec son prix en Europe, la quantité paraissant sur le marché augmenterait d'année en année.

Dans la République de Libéria, on cultive le caféier avec un plein succès.

Les navires du Brésil et des autres parties de l'Amérique du Sud viennent y prendre des cargaisons de jeunes plants, qu'ils achètent 2 dollars chacun.

Conclusions relatives aux rivières du Sud.

En parlant dans la deuxième partie de cette étude, de la Casamance, du Rio-Compony et du Rio-Nunez, j'ai donné un aperçu des deux groupes de régions, qui constituent notre domaine colonial des rivières du Sud. Jusqu'à ce jour, les prétentions émises par d'autres puissances coloniales concurremment avec la France, avaient eues pour conséquence d'entraver toute tentative d'organisation, et en quelque sorte de mise en valeur de ces régions. Grâce aux diverses conventions signées dans ces dernières années par les puissances intéressées, la situation fâcheuse qui existait jusqu'à ce jour a pris fin, et la mission qui me fut confiée, pendant l'hiver 1887-1888, concurremment avec des délégués portugais, eut pour résultat de définir nettement les limites respectives des possessions françaises et portugaises. Aussi, nous possédons aujourd'hui sans contestation possible, deux vastes territoires homogènes séparés par la Guinée Portugaise, et nous n'avons plus à redouter les causes de conflits qui naissaient jadis du fait même de l'existence d'établissements d'origine divers, situés côte à côte, et parfois comme enclavés les uns dans les autres.

Aussi, notre action peut-elle s'exercer aujourd'hui sur nos possessions des rivières du Sud d'une façon méthodique et sûre ; et elle doit avoir pour but :

1° d'y augmenter progressivement le commerce déjà considérable qui s'y fait, et qui est susceptible encore d'un grand accroissement ;

2° d'y procurer à nos produits européens et surtout aux produits français de nombreux et utiles débouchés ;

3° de faire pénétrer peu à peu chez les populations, nos idées et notre civilisation qui doivent les transformer, faciliter nos relations avec elles et nous les attacher par la reconnaissance et l'intérêt.

Il est à remarquer qu'en ce moment, on constate une grande tentance de la part des négociants français à s'éloigner de la Guinée Portugaise où tout le commerce est cependant entre leurs mains, pour reporter leurs efforts et transporter le centre de leurs opérations sur les territoires français voisins. Ce mouvement peut être en partie attribué aux lourds impôts établis par le gouvernement portugais.

Pour des raisons analogues, les établissements commerciaux établis sur les territoires anglais de Sierra-Léone et des Iles de Loos se transporteront peut-être à Konakry et sur d'autres points de la côte française.

Nos dépendances des rivières du Sud bénéficieront du mouvement que nous signalons ; toutefois, c'est plus que jamais un devoir pour la France et la colonie du Sénégal, d'être représentées dans ces régions par un gouvernement local qui soit stable, respectable et dévoué, et dont l'attitude soit pour tous, une garantie de tranquillité, de justice et de liberté ; qui, non content de protéger les escales et les établissements européens, sache pourvoir d'une façon constante à la sécurité des routes suivies par les caravanes de l'intérieur ; qui assure en toutes circonstances l'intégrité des territoires alliés ou soumis ; qui fasse respecter les biens des indigènes, et facilite avec mesure et discrétion le développement intellectuel de leurs intelligences primitives et naïves, dans l'éducation desquelles on trouvera un des plus sûrs garants du développement de nos relations commerciales et de notre autorité.

Le Gouvernement aura à lutter contre la propagande musulmane qui est devenue un danger menaçant dans nos rivières du Sud, comme au Sénégal.

Cette propagande semble y prendre depuis quelques années une grande extension ; et le sentiment religieux donne aux populations de ces contrées (populations jadis si divisées et même si hostiles les unes aux autres, par suite sans doute de leur diversité d'origine), une force de cohésion qui leur avait manqué jusqu'à présent. Parfois même, le fanatisme musulman parvient à séparer de nous des sujets indigènes dont le concours est indispensable à la réussite de nos entreprises dans ces régions.

On devra adopter ici, la même règle de conduite qu'en Algérie : combattre avec décision tout aventurier dont le but est de se créer une influence qu'il espère employer à satisfaire son ambition et ses appétits ; appuyer au contraire, dans une certaine limite, les propagateurs dont les efforts ne tendent le plus souvent qu'au relèvement de ces intelligences primitives et dégradées, et chercher à se les attacher. Le Gouvernement pourra trouver en eux d'utiles auxiliaires. Il en trouvera de bien plus précieux encore dans les îlots de populations chrétiennes. Il devra encourager l'œuvre essentiellement patriotique et utile des missions catholiques et protestantes, qui lui assurera pour l'avenir la véritable force de résistance.

Les orphelinats agricoles rendront d'éminents services ; les jeunes indigènes et les métis abandonnés, y apprendront la langue française et la pratique de quelque métier ; et plus tard, ils pourront se rendre utiles à la colonie, soit dans le commerce, l'industrie ou l'administration. Eux seuls, d'ailleurs, initiés aux idées de progrès, pourront transformer le pays, et créer une ère de prospérité par l'agriculture industrielle dans ces régions si admirablement favorisées de la nature.

Pour échapper aux fautes que nos voisins n'ont pas su éviter, et qui leur créent, malgré leurs efforts de ces dernières années, une situation périlleuse, il est indispensable que les divers administrateurs que nécessite l'étendue considérable des dépendances françaises de la Sénégambie, soient groupés comme dans une colonie autonome, sous l'autorité d'un Lieutenant-Gouverneur, chargé de donner à la politique générale une direction et une impulsion uniques et régulières. Ce fonctionnaire aura une autre mission non moins importante à remplir. Il est en effet à considérer que le territoire de nos possessions du Sud, dont la superficie est égale à la moitié de celle de la France, confine aux provinces de Fouta-Djallon. Or, ce pays sur lequel nous exerçons une certaine influence depuis 1881, est constitué en République fédérative, et habité par une population nombreuse et vigoureuse. Par suite de son origine Aryenne, le peuple foulah est essentiellement supérieur aux populations d'origine Guinéenne qui l'avoisinent ;

aussi, ces conquérants ont-ils une tendance constante à s'étendre, et jusqu'à ce jour aucune résistance n'a mis obstacle à leur politique d'extension. Les voisins disparaissaient ou s'assimilaient. Aujourd'hui que ces derniers bénéficient de notre protection, nous devons pacifiquement endiguer le flot foulah, et substituer notre influence à celle des Almamys.

Actuellement, notre action politique semble prépondérante dans le Fouta-Djallon ; nos relations commerciales y sont suivies, et peuvent prendre avec les provinces les plus éloignées un développement considérable. Il est à prévoir que l'organisation de nos possessions dans les rivières du Sud hâtera encore ce développement. Aussi, pourra-t-il devenir nécessaire, indispensable même, que nos relations avec les chefs du Fouta-Djallon soient réglées par une direction unique et invariable, et que dans ce but, le Lieutenant-Gouverneur chargé de la politique des rivières du Sud, soit secondé auprès des Almamys par un agent chargé de représenter les intérêts de la France.

Jusqu'à ce jour, il n'a été fait dans les rivières du Sud aucun essai d'organisation méthodique : on s'était autrefois contenté d'établir çà et là des petits postes militaires chargés d'assurer une sécurité essentiellement locale. C'était une prise de possession plus apparente que réelle. Depuis, l'inconvénient inhérent aux petits postes ayant été reconnu, ceux-ci ont été supprimés dans la mesure du possible, et quelques administrateurs livrés à leur propre initiative ont été envoyés dans les rivières du Sud. Aujourd'hui, grâce au télégraphe, et aux nombreux avisos de la colonie, il nous est devenu possible d'organiser et d'administrer le pays régulièrement. Le renom de justice et de grandeur de la France, le prestige de son pavillon, nous ont mérité l'affection et le respect des populations. Le bon accueil et le concours dévoué de leurs chefs nous est également acquis. Il faut craindre d'user ce prestige en commettant des maladresses et des abus. Il y a lieu de supprimer d'une façon à peu près complète les petits postes militaires, loin de la surveillance des officiers ils deviennent trop facilement des centres de démoralisation pour les soldats européens et indigènes.

Il semble préférable de n'avoir qu'une seule unité militaire à Dakar, où se trouverait en permanence une troupe prête à être transportée sur les lieux où sa présence pourrait être nécessaire.

C'est en effet à l'apparition soudaine de nos avisos débarquant nos petites colonnes volantes, qui allaient droit à l'ennemi, et remportaient sûrement des succès éclatants, qu'il faut attribuer cette sorte d'ascendant moral que nous avons acquis dans le passé, dont nous bénéficions dans le présent, et qui nous permet encore à l'heure actuelle de faire acte de souveraineté avec des moyens extrêmement restreints. Cette organisation militaire ne peut toutefois nous dispenser de fournir à nos agents le personnel qui leur est nécessaire, pour faire un service de gendarmerie. et garder les postes et résidences. Pour subvenir à cette dernière nécessité, il y aura lieu d'utiliser la bonne volonté des populations groupées autour des points que nous occupons, et d'en tirer les éléments d'une sorte de milice locale. Ces indigènes qui recherchent la protection de nos postes ou de nos établissements de commerce, seront toujours disposés à nous soutenir ; leur fidélité nous est acquise, car notre présence assure leur salut. Souvent déjà, ils nous ont donné des preuves de leur dévouement, soit à Médine, à Bakel, à Sedhiou, etc. Les plus dévoués et les plus sûrs, choisis parmi les hommes de bonne volonté, devront recevoir quelque éducation militaire. Au premier appel, ces volontaires se réuniront au poste ou à la résidence, prendront leurs armes qui s'y trouveront déposées, et constitueront les forces de résistance de la première heure. On trouvera facilement parmi eux dans chaque poste ou résidence quelques hommes qui, au prix d'une légère rétribution, assureront en permanence ou à tour de rôle la garde du poste.

Ces volontaires constitueraient à l'occasion la force nécessaire à nos agents, pour entreprendre de petites expéditions, si quelque commencement d'agitation locale le rendait utile. Cette organisation de miliciens est et restera très peu onéreuse, malgré le développement qu'elle est appelée à prendre.

Ils existent d'ailleurs déjà, sous le nom d'auxiliaires ; mais, les auxiliaires ne sont pas revêtus d'insignes, sont mal armés et ne reçoivent aucune éducation militaire.

L'organisation militaire des rivières du Sud nécessitera une augmentation de la flottille qui rend de très grands services, mais qui est actuellement insuffisante.

La douane ne peut pas dans la plupart des rivières remplir sa mission. Il est nécessaire de compléter son organisation et d'introduire en plus grand nombre parmi ses agents des éléments indigènes.

Les divers fonctionnaires chargés d'administrer le pays, devront avoir un tour de séjour, grâce auquel il sera moins pénible pour eux d'habiter le pays. La Guinée Portugaise et les rivières du Sud sont actuellement couvertes d'établissements de commerce dans lesquels les Européens vivent de longues années sans rentrer en Europe. Ils ne sauraient s'acclimater, mais la mortalité reste toutefois à peu près inconnue, grâce au luxe des installations et au confortable qu'ils y trouvent. Il faut assurer à nos fonctionnaires le même bien-être et leur donner une grande facilité de s'absenter chaque fois que l'état de leur santé l'exige. Dans ces conditions, ces régions auxquelles on a fait dans l'opinion un renom d'insalubrité immérité, reprendront leurs droits à la faveur publique.

Avril 1889.

Cne H. BROSSELARD.

Lille Imp. L. Danel.

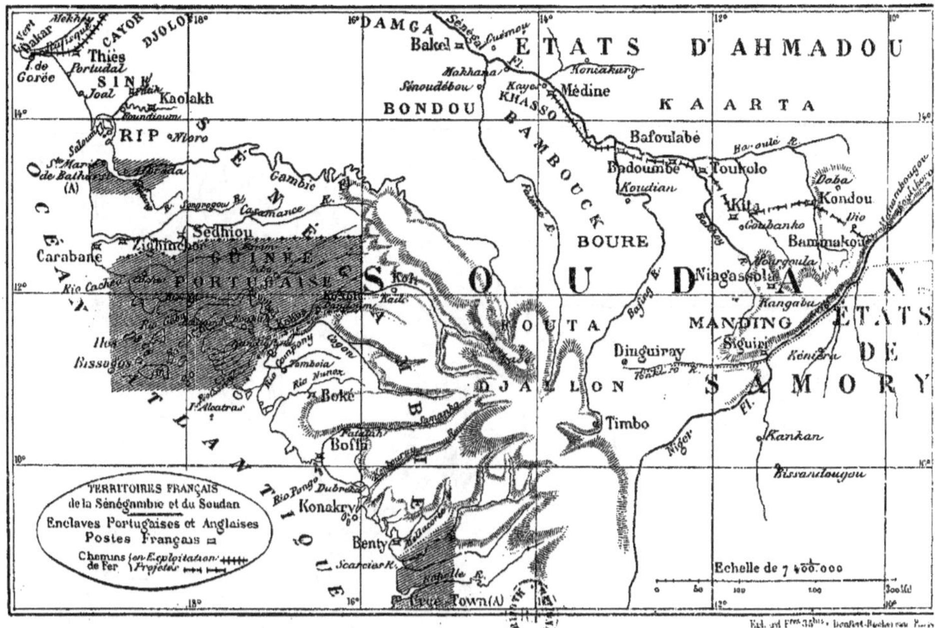

Cette carte, extraite du *Tour du Monde* : *Sénégambie et Guinée Portugaise*, par le capitaine BROSSELARD, a été obligeamment prêtée à la Société de Géographie de Lille par la librairie Hachette et Cie.

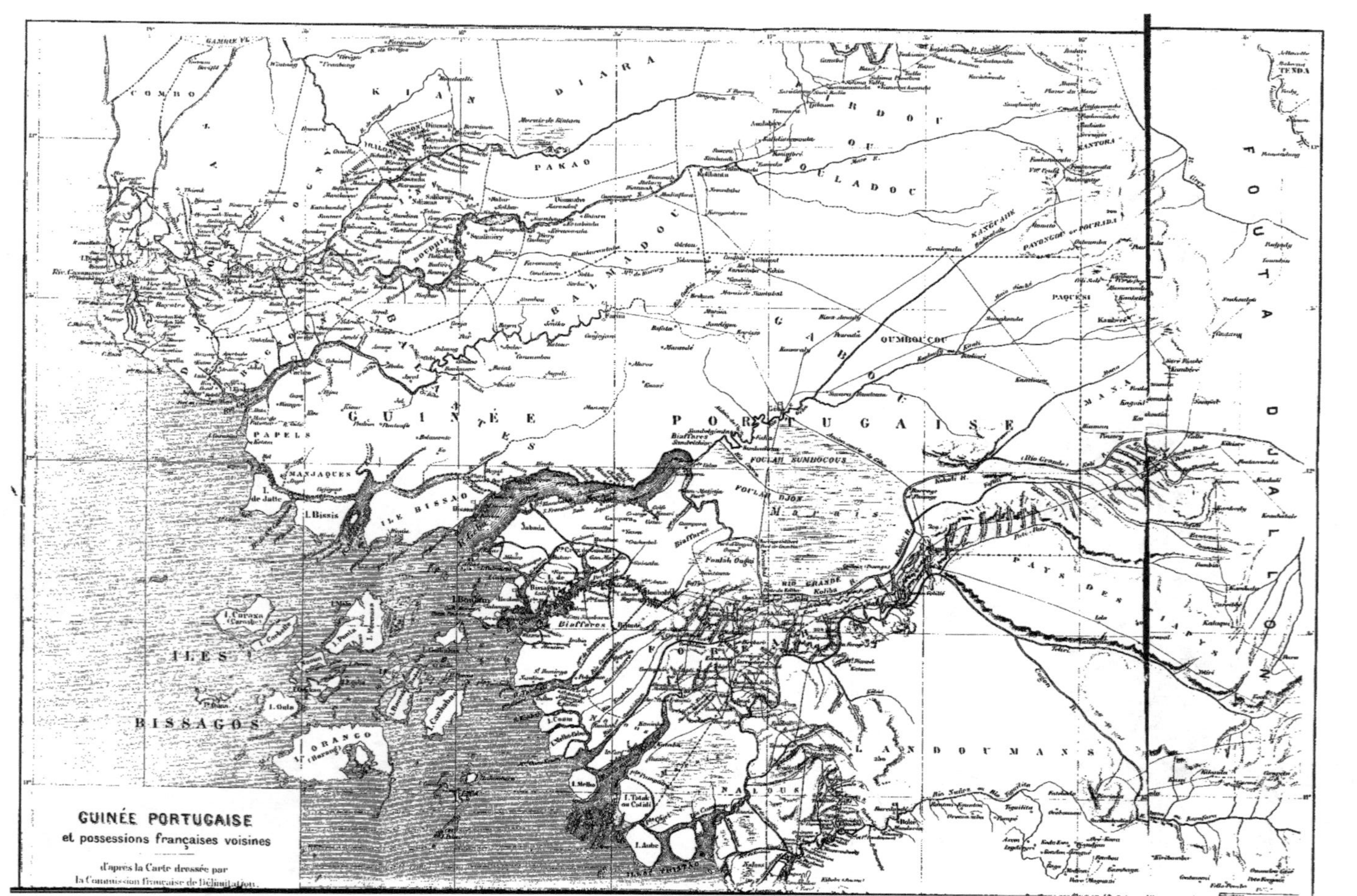
GUINÉE PORTUGAISE
et possessions françaises voisines
d'après la Carte dressée par
la Commission française de Délimitation.
FOUTA DJALLON
DIARA
KIAN
PAKAO
OULADOC
BALMADOU
GABOU
PORTUGAISE
GUINÉE
PAPELS
MANJAQUES
ILE BISSAO
ILES BISSAGOS
ORANGO
FOULAH SUMBOCOUS
FOULAH DJON
RIO GRANDE
PAYS DES LAPAYS
LANDOUMANS
NALOUS
OUMBOUCOU
PAQUESI
TENDA
COMBO
I. Bissis
I. Gala
I. Melho
I. Ambe

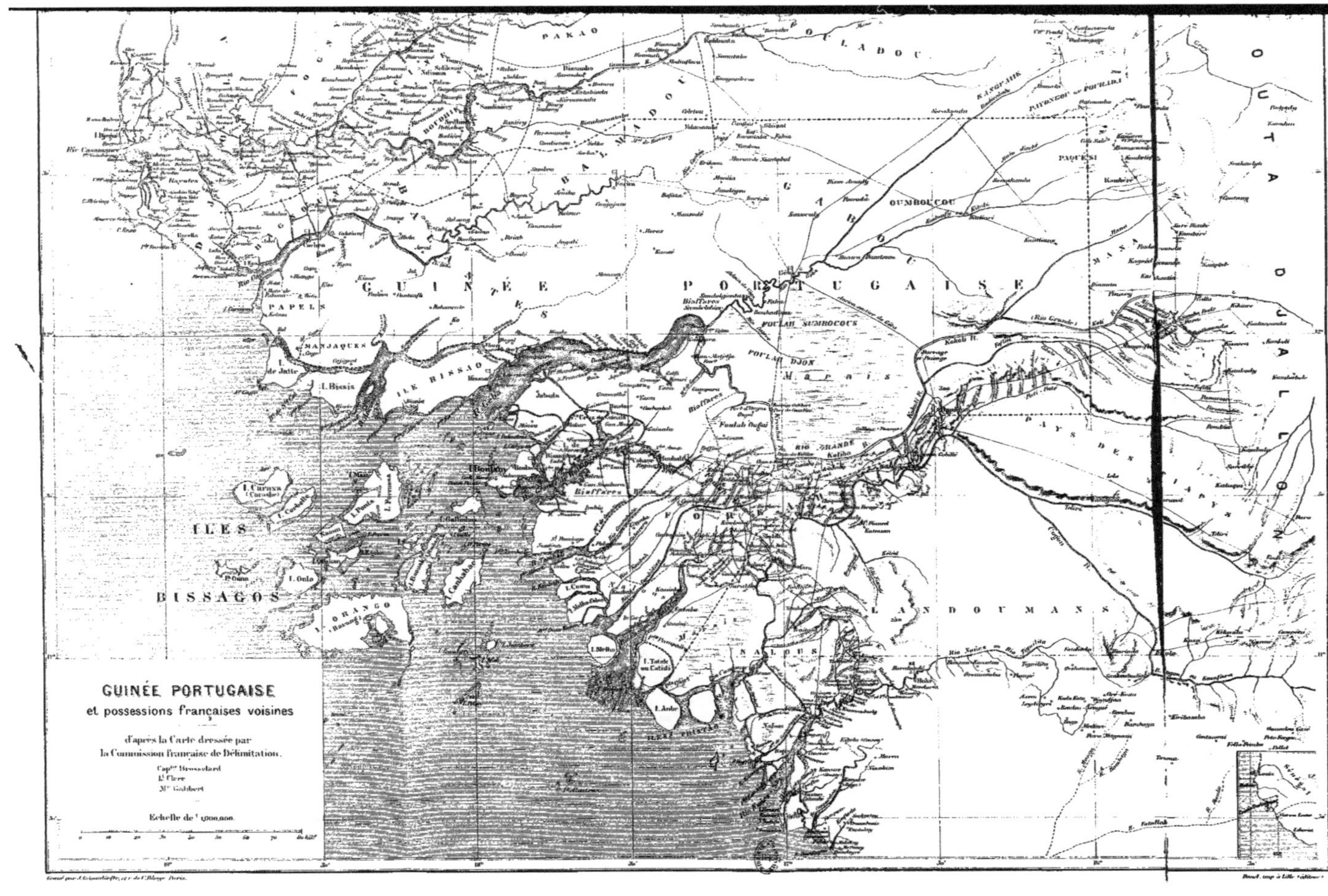
GUINÉE PORTUGAISE
et possessions françaises voisines
d'après la Carte dressée par
la Commission française de Délimitation.
Capit^ne Brosselard
Lt Clere
Mr Gubbert
Echelle de 1/1.000.000
GUINÉE PORTUGAISE
ILES BISSAGOS
PAKAO
OULADOU
OUTA DJALLON
GABOU
OUMBOUCOU
PAQUESI
MANA
LANDOUMANS
NALOUS
FORÉAH
PAYS DES TIAPYS
POULAH SUMBOCOUS
POULAH DJON
PAPELS
MANJAQUES
ILE BISSAO
I. Bissis
RIO GRANDE
I. ORANGO
I. Carrasa
I. Orango
Canhabac
I. Bolama
I. Tristao
Rio Grande

www.ingramcontent.com/pod-product-compliance
Lightning Source LLC
LaVergne TN
LVHW020331230826
846091LV00003B/834

* 9 7 8 2 0 1 3 4 2 1 5 2 2 *